Donde habita la memoria

ANTONIO GARCÍA BARBEITO

Donde habita la memoria

Retratos de Aznalcázar

ALMUZARA

Primera edición: diciembre de 2024

Editorial Almuzara • Colección Memorias y Biografías
Editora: Rosa García Perea
Maquetación: Miguel Andréu

www.editorialalmuzara.com
pedidos@almuzaralibros.com - info@almuzaralibros.com

Editorial Almuzara
Parque Logístico de Córdoba. Ctra. Palma del Río, km 4
C/8, Nave L2, nº 3. 14005 - Córdoba

Imprime: Gráficas La Paz
ISBN: 978-84-10525-57-3
Depósito: CO-1901-2024
Hecho e impreso en España - *Made and printed in Spain*

Somos nuestra memoria (...),
ese montón de espejos rotos.
J.L. Borges

Sólo es verdad aquello
que en la memoria existe.
R. Montesinos

Índice

Introducción

Como recoge el autor en cita oportuna, dijo Jorge Luis Borges que *Somos nuestra memoria, somos ese quimérico museo de formas inconstantes, ese montón de espejos rotos.* Cuando Antonio García Barbeito me comentó en una de nuestras conversaciones la idea de este libro, no dudé en ofrecer la ayuda del Ayuntamiento para hacerlo realidad puesto que una obra titulada *Donde habita la memoria. Retratos de Aznalcázar* tenía que llegar a las manos de los vecinos y vecinas de mi pueblo y, espero, a muchos lectores más.

He tenido la suerte de hojear lo que contienen estas páginas y en mi humilde opinión es una suerte que el autor nos abra esta puerta a un lado íntimo de su corazón, aquel en el que residen los recuerdos de la niñez y la juventud temprana, una época en la que se plantan los cimientos de aquello en lo que va a devenir y que tiene por escenario nuestro querido pueblo, Aznalcázar.

A través de instantes, de fotografías hechas con su prosa poética, recorremos las calles de este pueblo, recordamos personas que se fueron, vivimos tradiciones que aún perduran, pero las degustamos con el sabor de lo pasado, de las vivencias que nos llevaron al presente. También recogen estos fragmentos de memoria sentimientos universales como el primer amor, la emoción en las aventuras infantiles, la fugacidad del tiempo, la añoranza o el dolor de la pérdida. Unos sentimientos que se entremezclan con los paisajes comunes como la vega, el río, los pinares, la plaza y su fuente y también con el calor de las siestas de verano, los colores del lubricán o el frío de Navidad.

Da igual si has nacido en el siglo pasado o eres de la generación digital, cualquier aznalcazareño va a emocionarse al recorrer estos retazos de la memoria de García Barbeito. Porque si algo hace único a nuestro pueblo es que sigue manteniendo esa esencia de pueblo pequeño, de vida pausada, de cercanía y contacto con la naturaleza. Porque lo que recogen estos recuerdos es nuestro pasado y, por tanto, es lo que somos porque como referí a través de las palabras de Borges, estamos hechos de retazos de lo vivido.

Tener este compendio de textos dedicados a Aznalcázar supone atesorar parte de nuestra historia, no como lo haría un historiador, sino como lo hacían nuestros padres o abuelos: contándonos sus memorias en las largas tardes del invierno junto al brasero o en las siestas del verano para que no diéramos mucho ruido. Leer estos retratos es, por tanto, adentrarnos en esa memoria colectiva que ahora tendremos la suerte de tener recogida en las páginas de *Donde habita la memoria.*

Os invito a disfrutar de su lectura.

Manuela Cabello González
Alcaldesa de Aznalcázar

Prólogo

Los griegos pensaban que la memoria era la única esperanza del ser humano para encontrar la eternidad, por eso aconsejaban que una vez que el alma llegara al Hades, no bebiera de la fuente del olvido, sino que lo hiciera del manantial de Mnemosine, cuyos guardias te dejaban beber si eras capaz de responder al oráculo. Así podemos leerlo en la laminilla órfica de Hiponio que se encontró entre los labios de una difunta —*Soy hija de la tierra y del cielo estrellado, y mi estirpe es celeste; pero eso ya lo sabéis vosotros. Vengo muerta de sed; dadme inmediatamente del agua fresca que brota de Mnemosine. Así que también tú, tras haber bebido, te irás por la vía por la que los demás iniciados y bacos avanzan, gloriosos: la vía sagrada.* El contenido latente de este mito podría ser que la memoria es una cualidad del alma que nos permite revivir el pasado y mantener nuestra identidad, el yo más íntimo; sin ella, nuestra alma estaría desdibujada en el olvido del tiempo.

No obstante, y así lo pensaba Aristóteles, esa reminiscencia no es sólo un acto de evocación de algo vivido, eso es meramente recordar, sino que consiste en rememorar, y eso significa que la razón, el logos, que es palabra, reconstruye y reelabora el pasado; es un esfuerzo que consiste en buscar imágenes y asociarlas para formar el relato; es un proceso creativo. Además, recordar no es una acción pasiva, en el sentido de que podamos hacer presente el pasado de manera fiel y neutral. La biografía de cada uno es una historia vivida, de sentimientos y emociones, que va a contribuir de manera ineludible a esa reconstrucción y recreación. Así, podemos afirmar que el lugar *Donde habita la memoria* de Antonio García Barbeito es la Aznalcázar de su infancia y adolescencia, la tribu que configura su alma, sus vivencias del pasado circundadas de emociones que se reconstruyen gracias a la palabra, al logos. Su memoria no se haya en un lugar de la geografía ni en un tiempo del calendario, sino que habita en su yo más íntimo conformando su identidad, *la vía sagrada* de la que nos habla la laminilla órfica.

Así, cuando el autor habla de su pasado, del paisaje y del paisanaje de su infancia y su juventud, como no hay memoria neutra, sin emociones, lo hace siempre con adjetivos de luz, de asombro, de nostalgia, que reflejan un agradecimiento, una conciencia de haber vivido en un lugar excepcional.

Todo ello, a pesar de que en los años cincuenta y sesenta en un pueblo del Aljarafe, una familia sencilla no tuviera los medios para que su hijo, que ya amaba las palabras, pudiera aprender el mundo del lenguaje con el que soñaba. Pero el niño empezó a hacer realidad su sueño con lo poco que tenía a su alcance: la lectura de las marcas de los productos de las tiendas que frecuentaba, del misal de sus tías y de los tebeos.

La infancia del autor es su paraíso perdido, su pasado primordial por el que adquiere sentido el presente. Así lo afirmaba Mircea Eliade, el historiador de las religiones, cuando diferenciaba entre el tiempo primordial del origen y el tiempo profano del presente. En los mitos se habla del origen, de lo puro, de lo primigenio, de lo que todavía no ha sufrido la degradación. Este libro es como un conjunto de mitos que nos devuelve a ese tiempo; su lectura es un rito, y como todo rito, tiene una función sanadora porque nos hace presente el tiempo sagrado y primordial, en este caso, los años de la infancia y juventud del autor, con el que nos identificamos.

Un paraíso perdido que el autor, al igual que Proust, recupera en muchas ocasiones a través de las sensaciones presentes: con el olor del poleo se traslada a las veras del Guadiamar; con el del romero, a las Cruces de Mayo y el Corpus; con el de las brevas, al calor de las tardes de verano; con la clara luz de septiembre, al verdeo; con la luz tenue del otoño, al moniato asado y a la charla alrededor de la mesa camilla...

El logos, la palabra que nombra las cosas, es el vehículo de la memoria, no sólo para guardar las vivencias —vistas, oídas, olidas, tocadas, degustadas, disfrutadas, sufridas— sino también para poder recuperarlas. De niño, Antonio García Barbeito siente la naturaleza como un libro, y le habla al campo: *Sin que el niño pudiera sospecharlo, allí, echado junto al río, hecho vega a orillas de un olivar, bajo los cerros, eras un libro vestido de tierra, de árboles, de sembradura, de plantas...* Pero un libro, todavía, sin palabras, aunque con *páginas llenas de historias de labriegos, de días de lluvia o de tormentas, y siempre, siempre, un gran libro que se convertía en el más hermoso diccionario.* El campo en la voz de su padre, dice el autor, es la *intelijencia* juanramoniana, que empieza a darle el nombre exacto de las cosas: *bielgo, bielga, trillo, asnilla, criba, granzas, tamo, balaguero, hacina, garbera, vencejo, rastrojo, almud, rasero, cuartilla, arreos, parva....* Y, sigue diciendo: *cuando el niño quería darle nombre a aquella luz entre dos luces, necesitaba que alguien le dijera al oído que se llamaba lubricán. Y cuando, atormentado, se preguntaba cómo se llamaría aquel viento que venía en brazos de la tarde, necesitaba una voz que dijera: «Soy la marea...».*

Otras veces es el lenguaje el que se manifiesta en la naturaleza. Obsesionado con las palabras, el poeta juega con la realidad, convirtiéndola en ortografía: *La criatura transparente del río era el diario que la luz escribía entre las dos líneas de la alameda, un diario con ortografía de peces, con puntos suspensivos de ranas saltarinas, con mayúsculas de polluelas, con acentos de pájaros que picoteaban el agua para beber sin detener su vuelo…*

El deseo de nombrar las cosas y el desconocimiento de sus nombres y sus múltiples cualidades lleva al autor en su niñez a usar la metáfora —«como no sé cómo se llama eso, lo llamo con lo otro, que se le parece…». Los seres y los hechos que le rodean no poseen una unívoca significación y conforman una mente rebosante de metáforas: las tolvaneras son *súbitos fantasmas de polvo y pasto* o *desordenados peristilos del campo*; los vuelos de ojos en el paseo son *una invisible pajarería alada de pestañas y párpados*; las brevas son *clepsidras lácteas* o *cerrados tinteros*; la siembra del algodón es *una siembra de nubes*, igual que su recolección es su rapto; la piña es un *aovado pez de durísimas escamas*; el poleo es un *sonajero sin sonajas, un ábaco donde el aire suma, multiplica y divide aromas…* Acostumbrado a las metáforas, casi por necesidad, el niño va forjando su alma de poeta.

Dentro de esta tendencia a la metáfora, habría que señalar una inclinación del autor a asemejar la naturaleza y sus fenómenos a una labor de costura y vestuario. El taller de costura de su tía Antonia pudo haber influido en esta inclinación, un taller instalado en la casa familiar. Son muchos los textos donde encontramos este recurso: *desde alguna rama caída en el agua y sobresaliente, se zambullían galápagos y ranas; y, como una costura de media tarde, habíamos disfrutado de las puntadas con hilos de agua de algunos barbos… / Cuidaba de las flores como quien zurce un vientre ya roto para siempre.* Ya le habíamos leído en otros de sus escritos: *el tren es esa larga puntada que cose el roto de las distancias* o *Blusa del atardecer, la va cerrando despacio la cremallera del tren.*

Desde la antropología, se ha hecho un paralelismo entre nuestro pensamiento infantil y el de nuestros primeros antepasados. En los dos casos, son las emociones, lo que Frazer llamaba pensamiento mágico, las responsables de la percepción del mundo. En el infantil, así como en el mágico, lo real se mezcla con la fantasía bajo la idea subyacente de que «lo semejante produce lo semejante». Y aquí está el origen de la metáfora, porque desde este pensamiento, dos cosas que se parecen son la misma cosa. De esta manera, se puede afirmar que el poeta escribe desde su alma infantil, desde su alma más primitiva. Los ejemplos anteriores son una muestra de ello.

Asimismo, este pensamiento mágico, emocional, es el origen del animismo antropocentrista que encontramos en muchas de las imágenes de estos textos. El animismo es la manifestación religiosa más primitiva; desde esta concepción del mundo, toda la Naturaleza se cree poseída por un alma que el ser humano equipara a la suya. García Barbeito escribe: *Se supo animal de luz aquel día que vio cómo, tras unas lluvias de febrero, un sol decidido y joven se montó a horcajadas sobre la tapia y cabalgó así por todo el día. / Un almanaque de luz que aprovechaba mareas para vestirse de domingo. / La mañana, descalza, no se sentía los pies por las veras del río, tan húmedas y tan vestidas de yerba rociada. Al amanecer, donde había estado montado el sol, unas florecillas abrieron sus botones y la mañana estrenó camisa.*

Ese antropocentrismo animista es simplemente una manifestación del alma infantil del poeta al igual que lo son sus metáforas. Nada que ver con un sentimiento religioso. La religión que subyace en estos escritos es la del Dios creador del cristianismo, si bien, en la mayoría de sus apariciones, éste lo hace unido a la Naturaleza, esa que tanto ama el poeta. Este vínculo es tan fuerte que se presenta en muchas ocasiones como una identidad, y eso puede hacer pensar que García Barbeito es panteísta. Algunos ejemplos: *Dios está en esos pétalos que entregan su color, su frescura, en la mañana, porque saben por Quién se sacrifican. / El verano era Dios soplando en la marea, para que las abiertas manos de madera de los bielgos levantaran la parva.*

Porque el poeta tiene la idea de un Dios hacedor, la *Mano,* que él siente presente en los acontecimientos naturales y en las labores del campo. Así también aparece en el Salmo 19.1: *Los cielos cuentan la gloria de Dios, el firmamento anuncia la obra de sus manos.* Escribe el poeta: *¿Ha bordado tu Mano en el celeste los pájaros que vuelan y parecen celebrar —será así— la exacta hora del vino, el pan, tu sangre, tu alimento? / La acera, como el patio, era el refugio de las noches infames, esas noches en las que a Dios se le olvida decirles a los ángeles que muevan las alas.*

Aunque es un teísmo, Dios es Hacedor, es Demiurgo, su tradición lo viste con la ropa del Dios del Antiguo y del Nuevo Testamento. Dedica algunos de sus textos a ceremonias y fiestas religiosas: el rosario de la aurora, el Corpus Cristi, las fiestas de Santiago, la Navidad, pero en éstos siempre está Dios en relación con la Naturaleza, con lo agrario, la conexión ineludible. Así, cuando narra la ceremonia del Corpus, dice: *Y vuelves a venir de los viñedos, niñez de uvas que adelantan paso para estar a la hora en que la Mano las precise en los cálices dorados. / Dios que habla con su labriega voz de pan y vino, con su acento de vega y de pinares, con la floral metáfora del patio.*

Una naturaleza vinculada a Dios y, necesariamente, al paso del tiempo. Sus descripciones de la Naturaleza se dan la mano con el transcurrir del ciclo estacional y agrario: en primavera, en verano, en otoño, en invierno. No existe una foto fija de su entorno natural; lo que encontramos, siempre, es un álbum de fotografías tomadas en las distintas estaciones del año. Aunque es la misma realidad la que se describe, el cambio se produce en la luz, en los hábitos de la tribu, en los diferentes frutos de las cosechas... En más de una ocasión, el autor ha comparado sus descripciones con los nenúfares de Monet en sus jardines de Giverny: son siempre los mismos, pero con distinta luz y perspectiva; así, *su* río, *su* tren, *sus* cerros, *su* vega, *sus* pinares, *su* tribu... La estampa de julio la describe así: *Llegaba julio y era otro el aire, otra la luz, otros los olores. Si el viento pasaba por una arboleda, dejaba olor a ciruela madura.* Sigue la fotografía: *Julio era un patio donde se asentaba la tertulia, o un poyete, o un velador del casino, mientras la dama de noche emborrachaba las esquinas y el jazmín era una adolescencia blanca que se elevaba como una aparición...*; la del invierno, *El pájaro buscaba el perfil encendido de cualquier rama y la brisa, la misma que le acariciaba el lomo al trigo, aleteaba fría en las esquinas del pueblo donde todavía no habían llegado las linternas del sol. En el campo, los hombres pasarían el día sin que se les calentaran los pies, toda la jornada andando sobre las carnes heladas de la tierra.*

En algunas de ellas, además, la nostalgia también es protagonista. Sobre todo, aquellas en las que una estación está dando paso a la siguiente. Es en ese momento donde el poeta toma conciencia de la finitud del ser y de su inevitable devenir. Pero este hecho no le produce una agonía existencial, sólo se percibe esa nostalgia por lo que irremediablemente se ha ido. Y ello, porque sabe que todo volverá a repetirse; su tiempo emocional es cíclico. Escribe *Luces de finales de agosto. (..) Una triste luz de última película de temporada de cine de verano era la que llevaba, como cola de pandero, la cartelera en borriquete que portaban dos chiquillos con los fotogramas del último tiro, del último puñetazo, de la última escena de amor o del último romano...(...) Luces que iban apagándose, como ahora, en la mano de la tarde que retrata los álamos del río...*

Sin embargo, el poeta siente el dolor existencial en los textos que dedica a la memoria de sus afectos, familiares y amigos de la tribu. Y a la suya propia. En uno de los más brillantes pasajes de este libro, «Mirando espejos», escrito en endecasílabos, expresa ese dolor: *Me asomo a los espejos, llamo y llamo a voces a mi voz de niño. Y nadie me responde con nada al otro lado, allá lejos, al fondo de los días por donde debo de seguir jugando.* O los que les dedica a sus amigos: A Tomás González Sánchez del Campo, *Y desde que te fuiste, todos los días te echo de menos, te necesito, cultísimo, entrañable paisano…*; a los irrepetibles hermanos Mora, *¿Dónde estarán, enriqueciendo qué silencio celeste? ¿En qué dimensión?*, a la muerte de Ignacio Mora, *Vendrán las lluvias y te recordaré tras los visillos del gran espectáculo del agua; vendrá la primavera y estarás donde florece el genio; vendrá el verano y estarás allí donde celebrábamos la luz ancha, las noches donde el cielo es acerico azul de las estrellas errantes como tú, altas como tú, luminosas como tú. Vendrán las madrugadas de julio, nubladas por una polvareda estelar que para ti será siempre jacobea, y al pairo del silencio, mientras el pueblo duerme y se oyen al lejos las lechuzas…*; o el desgarrador texto que le dedica a su tío Juan Mojeda, *Nómina de silencio donde tengo, calladas, tantas voces amigas, tantas voces queridas, tantos días comunes, tanta vida tratada. En el mismo rincón donde duerme sin luces el perfil del torero que nombraba Machado, hasta el tiempo se muere desconchado en las tapias. Muertos que aquí reposan con mis dos apellidos, con mi nombre, mi sangre, mi memoria, mi tacto…*

En otros retratos de este libro, sin embargo, Antonio García Barbeito muestra su magnífica capacidad para describir a personajes de la tribu con cierta distancia, aunque no sin cariño, admiración o ironía, dependiendo del caso. En estos textos su escritura se recrea en las palabras, en las figuras retóricas y en las imágenes que éstas pudieran provocar al lector. En «Retrato», por ejemplo, dice de un paisano a quien quiso mucho: *Eras un Baco sin mitología. Te iba por los ojos la vendimia y en tu dentadura había algo de lagar, y en tu saliva, mucho de mosto. Sonreías con serpentinas de pám-*

panos en la cara y en tu boca había una impaciencia de pajuela y de yeso, y una endoscópica intención de venencia. Y sin salir de la taberna…, escribe: *El tío Pedro Barbeito era mucho tío Pedro. Irá a la gloria. Y le pedirá a Jesús que le convierta en vino toda el agua del cielo. Y Jesús lo hará.* En este otro, describe a un anónimo narcisista de la tribu que, a su pesar, no se libra del paso del tiempo, *Observaste que tú también atardecías, cuando el día se iba a la tumba de la noche con todos los oros que podía recoger del crepúsculo. Las alemanas y las nativas fueron haciéndose esposas y madres y fuiste quedándote en esta playa como un Narciso sin esteros de ojos azules y carnes de clausura en los que mirarse.* Y de esta manera, retrata al camaronero que aparecía los veranos por la tribu: *…Pero él venía, con medio cuerpo de jazmín, a buscar el verano festivo de la tribu… (…) con una chaquetilla blanca de marisquero que le daba un aire de tardío infante de marina…* Describe con pesadumbre, pero, también, con tono punzante, el sueño de algunas muchachas del pueblo: *…porque tus sueños de tul y corona, tus delirios de guantes y brillantes, del brazo de no sé qué iluso príncipe de no sé qué color, se deshilacharon en las ramas del algodón o de los olivos, o, con olor a lejía, en los lebrillos del fregado, o, mal hilvanados, en la ropa de tu ajuar donde bordaste con falta de ortografía las iniciales de tu nombre.* De otros sueños de la tribu, dice con cierto amargor: *Se levantaban tronos donde los ripios volaban llenos de nombres de Vírgenes, y en los espejos de tocador donde las muchachas elegidas reinas se probaban la corona, se asomó alguna vez el fantasma de la cofia que se había quedado en la capital, en la casa de la señora. Coronas de bisutería que trataban de ahormarse a las sienes de mentirosas reinas rurales.*

El poeta también escribe del amor, de la miseria, de las clases sociales, de la escuela y el juego… Quedan muchas cosas por comentar de este conjunto de escritos de Antonio García Barbeito. Entre otras, este prólogo podría haber incluido un análisis más técnico de escritura y de estilo, pero quien lo escribe no posee los conocimientos para ello. Y, por los vínculos que le unen al autor, tampoco ha querido entrar en la valoración de los textos, si bien, ha sido inevitable que incluyera algunas apreciaciones.

Ha llegado la hora de que sea el lector quien se adentre en estas páginas y llegue a sus propias conclusiones. Aunque la lectura de estos textos sea una experiencia más emotiva que racional y es mejor dejarse llevar por las emociones.

En conclusión, se puede afirmar que este es uno de los libros más íntimos de Antonio García Barbeito, porque, como se ha dicho, regresa a la fuente *sagrada* de su identidad, a la tribu, a la Aznalcázar de su infancia y adolescencia. Y es ahí, en ese lugar, y en ese tiempo, donde habita su memoria.

Lola Villar Lama

A las diez, en casa

A los Rodríguez del Valle

Había una hora, la del reloj, y había otra, la que marcaba Bernabé el electricista cuando llegaba, escalera al hombro, al transformador que estaba entre la casa del bar del Minero y la Conserva. Bernabé subía y accionaba una palanca, y la oscuridad del pueblo se convertía en un milagro salpicado de luces sin mucha intensidad, pero ya era otra cosa. Por eso, tu padre decía unas veces: «Cuando dé la repetición de las nueve, en casa»; y otras, «Cuando se enciendan las luces, para casa.»

Ningún chaval entendería hoy eso de *cuando se enciendan las luces*. Pero era así. La mano de Bernabé era una manilla horaria, y las luces, campanadas luminosas que marcaban el fin de la jornada del juego, al menos en la plaza, otra cosa sería que siguiera en la calle propia. La más frecuente, las campanadas del reloj de la plaza, el mismo reloj que años más tarde te empujó a escribir: «Daba las horas y las repetía, / como doblando el tiempo, tu campana; / entonces, cuando andabas con desgana / y tres años entraban en un día...» Vuelves a tu infancia, ya ves; vuelves a esto de estar en la plaza —hoy será el bar, la tertulia con amigos, el paseo— y, por orden de la autoridad, tener que irte para casa antes de que den las diez, como aquella muchacha de la canción de Serrat, que se levantaba «despacio / poco antes de que den las diez. / Y te alisarás el pelo / que con mis dedos deshilé. / Y te abrocharás la falda…» No, eso te queda muy lejos. Tan lejos como aquel reloj: «…Tu campana, qué poco me dolía / cuando el tiempo era mío en la temprana / edad, y cuando el alma fue ventana / del amor que ora entraba, ora salía…» Entonces, el reloj al que aludes daba las nueve; hoy, con el cambio horario, te regalan una hora, pero ya, ¿para qué, si lo más seguro es que estés en casa desde mucho más temprano, incluso que no hayas salido en todo el día? La edad pide confinamiento voluntario, impone toque de queda, que si hace frío, que si está lloviendo, que si hace calor, que si se hace de noche muy pronto, que si estoy mejor en casa… Este reloj, aunque sea el de ayer, da otras horas: «Pero ya tu campana me lastima / cuando me dobla el tiempo y siento encima / estos días que duelen como años…» Así es. Ese reloj te ha dado ya muchas horas, en la infancia, en la adolescencia, en la juventud, en la madurez… Y sigue ahí, sin necesidad de imponer con campanadas el recogimiento. El reloj sigue dando horas, sin importarle nada ni nadie. Ya lo viste venir: «Riendas en las manillas no permites, / y, por si fuera poco, no repites / más que las horas de los desengaños.» Toque de queda. Vuelves a tu infancia. Pero ya no está la voz de tu padre.

Abierta escuela

A la memoria de Antonio García García, Mojeda

Cuando el verano había estrenado sus primeras camisas de calor y los abejorros trataban de tocar la trompeta en las flores de la malva real, al niño le tocaban rompan filas en la escuela y, con su padre, tomaba el camino de la vega que, en fechas como estas, ya empezaba a oler a ciruelas y a levantar la altísima flor de los pitacos. El niño iba de la escuela a ti, pero eras tú su preferencia. El niño dejaba libros, lápices, plumilla y cuadernos en la carpeta escolar y tenía todos sus apetecidos útiles entre la choza y el sombrajo. Te abrías entonces tú, amado campo, como una escuela estival, y el niño se asombraba al mirar, vivos, los mapas de tu extensa cartografía. Mapas con cerros lejanos a los que, cuando el niño preguntaba, la voz del padre ponía nombres:

—Aquellos dos cerros son los Cerros de Torre; y aquel de la izquierda, alto, con un camino albarizo, es el Cerro de Zaragoza. Tras el río, allá lejos, donde están aquellos sombrajos y las viñas que no alcanzamos a ver, el Carrascal. Ese cerro de ahí que se empina en ladera donde se levantan olivos, Los Pelones…

Y el río. Para el niño, lo más asombroso de aquel mapa era el río, el prudente río que, silencioso como un reptil miedoso, pasaba umbrío por casi todo su cauce. ¿Cómo se llamaban aquellos árboles, arbustos, matas? El niño, de la mano y de la voz de su padre iba aprendiendo nombres. Así, supo que aquella yerba se llamaba grama y olía a frescor; y aquel olor que le llegaba a la espinilla, olor vestido con botonería malva, se llamaba poleo. Ciencias naturales para el niño: adelfa, fresno, álamo blanco, chopo, álamo negro, mimbre, cañaveral… Diccionario agrupado por faenas: hoz, manija, calzonas, vencejo, garbera, bielgo, hacina, balaguero, trillo, criba, tamo, asnilla, ahechar, *enfaenar,* aventar… Qué pena que al niño le cerraran la escuela del campo…

Afición

A la memoria de Miguel Hevia. Y a Miguel Suárez

Pudo haberle roto en guitarra, o en palillos, o en trompeta, o en las palmas y un canturreo de tarde en tarde. Desde que era un chaval se le notaba que acabaría cerca de la música, en lo que fuera, pero cerca, y como afición, como añadido, como debilidad más allá de su trabajo en el campo.

Volvía, muchachillo apenas, con su padre de la huerta, al atardecer de todas las tardes, montado en un mulo blanco, y volvía entre verdes frutos y, siempre, algo cantado en la boca, o silbado, que, si bien se entonaba en el cante, silbaba como un pájaro, pero no ese silbido largo y fuerte de los cabreros, sino el silbido suave, sin estridencias, modulado. Silbaba y parecía que se le habían quedado dos o tres pájaros en los labios.

También lo recuerdo en la novena al Nazareno, allá por octubre, cuando se cantaban los campanilleros, todas las noches, y la iglesia se llenaba de las mejores voces del pueblo, que sobresalían algunas voces de muchachas, finas, altísimas, moduladísimas, y otras más graves, de muchachos, voces éstas que agujereaban el aire de la iglesia, como si hubieran puesto barrenos de voz en las naves. Entre las voces del coro, la suya, ni la mejor ni la peor, ni la más alta ni la más baja, pero, ay, qué gracia golpeando el cántaro con la suela del alpargate, que le rebanaba la boca al barro panzurrón y llenaba la iglesia de un sonido sordo y acompasado sin el que las coplas de campanilleros no hubieran sido las mismas, sobre todo en el intermedio musical, cuando los instrumentos —cántaro, guitarra, triángulo, pandereta y palillos— sonaban solos y las voces esperaban su entrada.

Rompió en tamborilero. Quizá se animó cuando en el pueblo se fundó la hermandad del Rocío, que era él un chiquillo con catorce o quince años. Dicen que la primera gaita la hizo de un trozo de madera blanda que dejó hueca con un alambre incandescente, una y otra vez, todas las tardes, le hizo una boquilla, se compró un tambor y se iba al atardecer a lo último de su corral a ensayar toques. Al principio se le iban las notas, le faltaba coordinar, y un desentonado silbo se le venía a la gaita en el momento más inoportuno, y él, sin dejar de tocar, movía la cabeza lamentando el fallo, un fallo que estaba más en el manejo que en su sentido musical. Acompañó a la hermandad en su primer Rocío, no paró de tocar en las Cruces de Mayo, a los pocos días, tocaba en las rifas de la hermandad, a la puerta de la tómbola y allí donde lo llamaban. Desde entonces, no puedo imaginarlo sin gaita y tambor. Campesino de botos todo el año, conocedor de bueyes y carretas, huertano, extraordinaria persona y alegre amigo de todos, hoy, cuando pasa por el pueblo encendiendo el aire de la fiesta, repitiendo la vieja estampa de ayer —parece el mismo bajo el sombrero de ala ancha, con sus botos y sus pantalones de rayas, su camisa blanca y sus tirantes—, con todos los sones —ya sí— dominados dentro de esa gaita que ya no es aquella que dejó hueca con un alambre incandescente, me envejece el alma y me rejuvenece la memoria. Tenía que romper en algo así, o en ángel o en tamborilero. Rompió en las dos cosas.

Aliento cereal

A Lutgardo García García, naturalmente

Lo extraordinario de la tarde era una muchacha que bajaba del camión de viajeros y despertaba preguntas en quienes estaban en la plaza, quién será, de qué familia, a qué vendrá. Lo extraordinario de la tarde era un cohete que sobresaltaba la luz tranquila del verano y echaba a las afueras a cientos de gorriones que chillaban como alados colegiales. Lo extraordinario de la tarde era un cucurucho de altramuces, un hombre que pasaba pregonando higos chumbos o un chaval que iba vendiendo roscos por los bares, como si vendiera el esqueleto del trigo, sabroso osario de los hornos. Lo extraordinario de la tarde era una moña de jazmines que pasaba, oliendo, subida al rodete de alguna mujer hermosa. Lo extraordinario de la tarde era que el verano empezaba a llamarse julio.

Aliento cereal traía el viento desde la vega, por el suroeste, como si hubiese ido rozándose los brazos y la cara por los balagueros y los almiares que empezaban a levantarse como suaves pirámides que habrían de ser pasto de invierno. Al pueblo llegaba el aire como si acabara de aventar en las eras, por eso tenía aquel pregón de pan en el aliento. Lo extraordinario entonces eran unas niñas que jugaban al corro —«¿…En qué canción, de qué corro / me enamoré de qué niña?»—, mientras otras personas esperaban el último coche de viajeros que llegaría desde la capital como una sorpresa, como una puerta que se abriera de pronto y dejara ver quiénes habían ido ese día —y para qué— a la capital. Lo extraordinario era el electricista con la escalera al hombro camino del transformador para encender el alumbrado público, que no se vinieran las sombras sin que, en las fachadas de la tribu, altos, lucieran los puntos suspensivos de aquellas bombillas tocadas de sombrero que parecían encendidas y traviesas muñecas que sólo tuvieran cabeza. Lo extraordinario de la noche empezaba a ser lo ordinario de todos los días. Y lo era porque cada instante se vivía como un refresco del alma que se va saboreando poco a poco, como un polo de nieve. Lo extraordinario de la noche era el cine, aquel libro parlante que en una sola página nos mostraba mundos maravillosos sin salir de aquel patio enladrillado. Lo extraordinario del verano era la vida abierta que se extendía como una fantástica explosión de júbilo. Olía a vino peleón al pasar por las tabernas, y a naipe gastado y a zurrapa de café cerca de algunos casinos. Olía a río dormido y a trigo en vela. Olía a manchón. Olía a cocido y a aliño de tomates. Aliento cereal del verano, de julio. Y en ese aliento, un nombre que era todo festivo: Santiago. Olía a felicidad.

Almanaque de luz

A la memoria de Andrés López Colchero

Siempre por estas fechas oía cómo sonaban en el campanario del aire los cuartos que precedían a las campanadas del final del año de la luz. Se supo animal de luz aquel día que vio cómo, tras unas lluvias de febrero, un sol decidido y joven se montó a horcajadas sobre la tapia y cabalgó así por todo el día. Al amanecer, donde había estado montado el sol, unas florecillas abrieron sus botones y la mañana estrenó camisa. Todo lo que de luz vino más tarde fue dándolo por bueno. Y empezó a considerar el comienzo del año el primer día de luz plena que, aunque todavía se recogía pronto como muchacha poco callejera, le daba señales de larga vida.

Animal de luz, iba por las horas sabedor de que nada, ni siquiera la noche, podía ganar aquel territorio nacido para la luz, que incluso la noche tenía, en su oscuridad, rasgos de luz que denunciaban su procedencia de hija de la luz. Un almanaque de luz clavado en la pared del alba que, muy despacio, iba soltando sus hojas entre las doradas manos de los atardeceres. Un capital de luz tenía por delante cuando despertaba, un latifundio de claridad que se lo iba desnudando todo, señalando todo, nombrando todo. Las criaturas vegetales a las que conoció semilla, las vio empezar a respirar sobre la tierra, a crecer vestidas de verdores únicos, olores únicos, roces únicos... La criatura transparente del río era el diario que la luz escribía entre las dos líneas de la alameda, un diario con ortografía de peces, con puntos suspensivos de ranas saltarinas, con mayúsculas de polluelas, con acentos de pájaros que picoteaban el agua para beber sin detener su vuelo... Un almanaque de luz que le pesaba cuando las hoces del fresco no podían segar tanto trigo de sol apretado como se juntaba en las siestas espesas y en las tardes amorradas por el calor. Un almanaque de luz que aprovechaba mareas para vestirse de domingo y salir a la calle a cogerse del brazo de la noche y pasear patios y plazas, avenidas y corralones donde sonaba una canción dulce o una pared se convertía en vertical aventura en blanco y negro entre garabatos de salamanquesas. Un almanaque de luz que se sentía dentro, aunque la madrugada mandara con soles oscuros por las calles de la tertulia o el largo y misterioso paseo calculando las celestes criaturas del firmamento. Un almanaque de luz que por estos días ya iba buscando olivares y viñedos, cerca del membrillo y los albérchigos. Un almanaque de luz que iba agotándose, como ahora, cuando en el aire había un olor a muchacha recién ida y a tristeza a punto de llegar. Como ahora.

Ánsares

A Diego León, que estaba conmigo allí

La tarde anda soleada y fría por el huerto-olivar que se vuelca sobre la vega. La tarde es silenciosa entre los soles crepusculares de las naranjas, soles de bolsillo que se multiplican entre las verdes hojas. Ha llovido hace apenas un día, y el aire, de limpio, es un cristal sin cuerpo, una transparencia de espejo virgen. De pronto, la tarde habla; un canto emigrante baja hasta la arboleda. Son los ánsares que vienen del norte de Europa a buscar las lagunas de Doñana. Allá van, colegiales del aire, dibujando palotes caprichosos, uves desiguales con un vértice de urgencia. Desde Noruega a las orillas del Atlántico huelvano del Parque hay miles de kilómetros. ¿Por qué tanto volar? ¿Es que no hay lagunas más cercanas, comidas más a mano, parajes similares? ¿Quién empuja a estas aves a recorrer tanto aire para invernar entre nosotros?

Viene de la vega de mi vida una luz última y generosa, aunque fría; una luz cansada, y se apaga por un horizonte que se enciende como las tardes que pinta Carmen Laffón, que son tardes propias, íntimas, particulares, como si la artista hiciera una tarde para ella sola, para su sensibilidad, para su necesidad anímica. Se van los ánsares, acaban de pasar en un pequeño grupo que quizá canta porque desde allá arriba se tienen que estar viendo, o al menos, imaginando, las llenas lagunas de su mundo de invierno.

La tarde se apaga del todo cuando pita el tren de las siete al llegar al paso a nivel donde comienza la cuesta de Las Pecinas, donde ya nadie asoma a la puerta de la casilla de Los Naharros. El tren se va como el último animal diurno que deja el paraje, porque ya las cabras dejaron un reguero de ladridos de sus perros guardianes cuando iban camino del ordeño.

Ayer, a estas horas, yo estaba a muchos cientos de kilómetros de este huerto-olivar, de esta vega, de este aire sin heridas, de este silencio donde no blasfeman sirenas ni alarmas. Entre donde yo estaba ayer y todo esto hay muchos lugares para descansar, contemplar, incluso vivir. ¿Por qué, entonces, este vuelo largo de mis pasos hasta estas lagunas del Guadiamar? ¿Por qué tantos kilómetros para estar cerca de esta luz y este aire? Que respondan los ánsares.

Aquel silencio

A la memoria de Juan García García, Mojeda

Aunque vino la lluvia a escribir el otoño, y el verde por el campo impone su gobierno asistido de luces que son como banderas que ondean cuando el viento las pasea en su bamba, esa bamba que el viento tiene siempre en la vega donde, de quieto, el pájaro más parece un pandero infantil y animado, sujeto por un hilo de sol atado a un junco cualquiera de la orilla de ese río que pasa callado entre alamedas… Aunque ya se desnudan las ramas, y las hojas amarillan los pies del jardín en reposo; y aunque ya las granadas, sonrosadas y gordas, invitan a lujuria al morderles sus dientes, sangrienta granizada que nos vuelve tan niños; y aunque toquen campanas de un bronce que de tanto doblar a muerte suya se hiere cuando dobla, no van por el camino con guardia de algarrobos las mujeres aquellas que iban a la muerte tan vestidas de muerte, con tanto muerto dentro, con un luto de cal sostenido en la mano. Aquel camino hermoso que unía en un paseo la vida de los vivos y el silencio absoluto que duerme para siempre tras la lápida fría.

Ya no me encuentro a Anita cuidando el arriate que le puso a su niña cuando murió, tan joven, por unas calenturas sin nombre y sin remedio. Anita era un noviembre que vagaba en un llanto todas las tardes frías de cal y cementerio, y cuidaba aquel blanco montoncito de tierra rodeado de flores y una cruz de madera y una fotografía de su niña del alma, hilvanando en el llanto gemidos y palabras, preguntas y piropos... Cuidaba de las flores como quien zurce un vientre ya roto para siempre. Ya no veo caballones de tumbas olvidadas, sin cruz ni nombre alguno de quien duerme debajo; ni se ven las cunitas que cercaban la muerte de algún niño pequeño..., hoy el mármol lujoso iguala tanta muerte como ayer la igualaban los montones de tierra. Se mantienen en pie panteones antiguos donde en vano se escriben apellidos ilustres; y cadenas cercando un mármol tachonado con diez clavos de bronce que sellaban la muerte con un brillo de rico que a la muerte no inmuta. Y el cuarto de la autopsia que asustaba a los niños, ya no tiene una piedra con la sangre reseca...

Nómina de silencio donde tengo, calladas, tantas voces amigas, tantas voces queridas, tantos días comunes, tanta vida tratada. En el mismo rincón donde duerme sin luces el perfil del torero que nombraba Machado, hasta el tiempo se muere desconchado en las tapias. Muertos que aquí reposan con mis dos apellidos, con mi nombre, mi sangre, mi memoria, mi tacto... Pero ya no es lo mismo, aunque todo sea eso: un silencio alargado en su muerte perfecta. Porque yo no me vuelvo como ayer me volvía, cuando el niño que fui se acercaba en noviembre: mucho de mí se queda entre tanto silencio, en tanto que fue mío en el amor diario. Y aunque salgo y me alejo del viejo cementerio, y sigo entre los vivos que me miran, me nombran, voces mías me llaman. Aunque yo no me vuelva...

Asombros

A la memoria de Manolito Curra

Ya te habían comprado los libros para el nuevo curso, y es posible que la maleta ya no fuera aquella de hule con varios cortes, rajas por donde se perdían gomas de borrar y lápices. Siempre recordarás el poco —el nulo— entusiasmo que sentías al abrir el libro de aritmética, y lo mucho que celebrabas el de ciencias naturales y los versos —casi todos pertenecientes a alguna fábula— que sobresalían en el libro de lectura. La escuela era, a primeros de septiembre, un asombro editorial y una novedad de bolígrafos, lápices de colores y quizá un nuevo palillero y un plumín, pico de pájaro con el que tendrás que aprender a organizar los granos de la palabra escrita, y un papel secante, que, ay, torpeza, seguro que se te derramará la tinta al mojarla en el tintero de porcelana que hay en la banca, metido en un agujero. Y a forrar libros. Quizá fue ahí donde descubriste tu proverbial torpeza manual, al forrar los libros. Un desastre. Septiembre empezaba a ser y la escuela esperaba como una prueba, superior a la del año anterior, que tendrías que superar si querías ser alguien, que si no aprendías siquiera a leer y escribir y las cuatro reglas, ya sabes lo que indicaban los hombres de la tribu: «A guardar cochinos.»

El niño vuelve al país de muchos asombros, la escuela. Para ti fue asombroso descubrir —eso decía el maestro— que antes de pe y be se escribía siempre eme, y que Guzmán el Bueno prefirió que mataran a su hijo antes que entregar la plaza de Tarifa, y que Jesús dio de comer a una multitud multiplicando unos panes y unos peces, y que la hache es una letra muda, y… En la pared, los mapas. Los mirabas y tratabas de hacerte una idea de cómo era España, y aun Europa, porque asumir los otros continentes no era fácil. Descubriste que el Guadalquivir nace en Cazorla, y aprendiste que »España limita al norte con el Mar Cantábrico y los Montes Pirineos, que la separan de Francia…» Te sorprendió descubrir que la palabra *esdrújula* era esdrújula, como aguda era *canción* y llana era la palabra *palabra.* Un asombro. Del puerto de Palos salió Colón al mando de tres carabelas que la historia escribió en mayúsculas. Tres Carabelas. Por cantada, te gustaba la tabla de multiplicar; como por curiosa te gustaba la prueba del 9. Y te asombró saber que en el firmamento todo es una danza de planetas, satélites, estrellas…

—¿Que la tierra no es plana? ¿Que es como una naranja y siempre se está moviendo en dos movimientos que se llaman de rotación y de traslación…? ¿Sííí…? ¿Y no nos caemos…?

Igual que ayer. Para el niño, septiembre es eso: la escuela, un vivo escaparate donde va descubriendo, poco a poco, los asombros.

Bambas

A Pepe Morales

Al recordarlas, sin querer, en la boca me asoma una coplilla: «Bamba se dice en mi pueblo, / y en otros sitios, columpio, / y en Álora, *meceero…*» El término aloreño de la bamba lo conocí por mi amigo Pepe Morales, como tantas otras cosas. En Álora, en las calles estrechas —yo sería incapaz de subir a una bamba que colgaran en los balcones de la calle Chozuelas—, amarran una soga de pared a pared, en altas ventanas o balcones, y mientras tiran de los cordeles para mecer a la afortunada, cantan unas tonadas propias, casi siempre interpretadas por mujeres, que piropean a las muchachas que vuelan en la comba de la soga.

Cuando hace muchos años iba por ahí con la palabra bamba en la boca, en casi todos los sitios me preguntaban qué era eso de bamba, y cuando lo explicaba, me respondían: «Ah, sí: columpios…» No, columpios, no: bambas. Llamadlo como queráis, pero para mí son las bambas:

«La niña vuela en la bamba
toda vestida de blanco,
y parece una paloma:
la del Espíritu Santo…»

Para llamarlas columpios, prefiero llamarlas *meceeros*, como en Álora. Me admira el sonido de esas dos «es» juntas, cuasi arrastradas al hablar, o mejor, cuasi mecidas en la curva de la voz: *me-ce-e-ro*…, cuasi cantadas. No es por pasión por lo propio, pero las coplas de bamba que se cantaban en la tribu son las más bellas que he oído, siempre en tonos mayores, siempre con esa gracia de la música, que se quiebra a capricho cuasi flamenco. Qué bien suenan las coplas de bamba de la tribu en la voz de una muchacha que sepa cantar y sepa, además, mecer la copla tanto como mecen la bamba, y que sepa echarla a volar, que no la sujete en la boca, tratando de volver a la garganta… No, echada al vuelo, dejándola libre en las veras de los palos, la soga y los cordeles, que se remonte en un vuelo…

«La niña que está en la bamba
quiere subir hasta el cielo,
para coger una estrella
y ponérsela en el pelo…»

Si yo pudiera, mi querido Pepe Morales, hermanaba tu pueblo con el mío con un lazo de sogas de bambas… o de *meceeros*. O con un musical lazo de coplas, de tu tribu y de la mía; o con una porfía de los que tiran de los cordeles para mecer, a ver quién la llevaba más alta, un año en tu pueblo, otro en el mío… Por este tiempo ya andaban los jóvenes comprando sogas y pidiendo palos para sembrar de bambas plazas y corralejas, calles anchas y cortinales. Y cuando el carnaval se encendiera de fiesta, qué maravillosa sensación de vacío, querido Pepe, el de las muchachas agarradas a los ramales, en aquel ensayo de primer vuelo de la mejor edad para volar… Ay, amigo Pepe, tus *meceeros*, mis bambas…

Blandura

Para Antonio Díaz Delgado

Entre las palabras que los hombres del campo se llevaban a la boca, es una de las más sonoras, tan sonora como lubricán, y coyunda, y jáquima: blandura. Recuerdo aquel día que fuimos a coger tagarninas a los cerros de Talhara desde los que se ve a Dios paseando por la vega, ese reino que queda allá abajo, donde el río se prestó a formar cruz con la vía del tren. Hacía frío, aunque era la mañana madura, cuasi el mediodía, y un sol desganado apenas podía beberse el relente que sostenían las hojas de las plantas. Me quejé de que, de pronto, me sentí fríos los pies, a pesar de que llevaba buen calzado:

—Es la blandura. Parece que no existe y cuando vienes a darte cuenta te ha encharcado los zapatos…

Aquella mañana rayana al mediodía, cuando apenas habías pronunciado la hermosa palabra, en una de tus locuras que yo celebraba tanto, te inventaste una adivinanza:

—¿Qué cosa nace casi blanda y casi blanca y muere dura…?

Para darle importancia a tu adivinanza, te dije que no lo sabía, y entonces tú —segunda locura— te inventaste un neologismo nacido del ubérrimo vientre de tu fantasía:

—Blandura. Porque nace casi blanca y casi blanda y termina dura: *blan-dura.* A ver cómo te explicas tú que una cosa que significa lo blando del relente, termine dura. Yo creo que no tiene sentido. Pero es uno de los cien mil enigmas que nos rodean…

Y continuaste colocando la mirada allí por donde podía haber tagarninas, mientras el sol de la una, como un buey rubio, abrevaba sin mucha sed en el lomo de las plantas. Otros de la tribu a la blandura la llaman *rociá*, rociada, rocío. Qué bien la usa nuestro amigo Antonio Díaz, cuando nos explica su diaria querencia campesina:

—Yo soy como las perdices, todos los días tengo que llenarme los pies de *rociá*…

Me contaste entonces, mientras con los pies encharcados mirabas la deslumbrante vega donde sonó, lejano y avisador, el pito del tren, que la blandura era una lluvia en calderilla, una lluvia con alas que, para asegurarse darles de beber a las plantas, bajaba de noche casi sin peso, como una lluvia-pájaro que desde allá arriba fuera desplumándose por darse, por socorrer el frío de las hojas. Lo recuerdo esta mañana decembrina que he salido a pisar el campo, y he encontrado, desnuda sobre las hojas de las plantas, una lluvia medio dormida a la que se le han pegado las sábanas del sol. Y me he agachado, la he tocado como quien toca las mejillas de una muchacha líquida y fría, y, evocando el nombre de mi padre y el tuyo, le he dicho al oído:

—Si no quieres morir helada esta noche, despierta y levántate…, blandura.

Camaronero

A Eligio González

Nunca supe de dónde venía, ni cómo, ni desde qué pueblo. Llegaba a la tribu cuando el calor era una flor de fuego que se vestía de fiesta y repartía por las calles voces que tenían categoría de santoral en aquellos pregones eternos. Conocíamos, de todos los días, la voz de esquina de la mujer que colocaba su canasto sobre un borriquete y vendía altramuces —«¡*Salaítos y durseeees*…!»—, cotufas, higos chumbos recién pelados, blanquillos y rojos, y agua fresca de un búcaro que sudaba sin parar por su panza fresca como la de un pez; y era diario y familiar el pastelero; y el de los helados. Pero él venía, con medio cuerpo de jazmín, a buscar el verano festivo de la tribu. Venía impecable, limpio, bien peinado, educado, con una chaquetilla blanca de marisquero que le daba un aire de tardío infante de marina.

Vendría de algún pueblo de la ribera, quizá de La Puebla, quizá de Coria, quizá de Gelves. Vendría en el autobús, o a lo mejor en una motillo, por la carretera de los pinares, con otra ropa y el canasto tapado con algún plástico o con un paño. No lo sé. Lo que sí sé es que cuando aparecía por el paseo, moreno, mediano de cuerpo, con el canasto plano enganchado por el asa a la sangradura, canasto de marisquero con un paño blanquísimo por encima, como si tapara un sacramento o el sueño de un niño del mar, el camaronero daba una voz y ya en la voz le olían animales de agua, aguas de río que pronunciaban ora cangrejos, ora camarones. La noche festiva de la tribu, de pronto, nos ponía en las manos el olor de los mariscadores, y un regusto a cangrejos o a camarones se desposaba con un urgente trago de cerveza fría, allí donde proliferaban las conchas de pescado frito y las de huevas aliñadas. Nunca supe de dónde vino, ni cómo se llamaba, ni cómo llegaba a la tribu. Pero no había festivo, desde el verano al otoño, que no tuviera, como un blanco estandarte bordado de mar y de pregón, la imagen del camaronero con el canasto cogido con una gracia varonil que sólo encontraba parecido en los otros canastos que traían un guarismo de pan regañado en los roscos de ocho que pregonaban otros muchachos, complemento ideal de un buen cartucho de camarones o un par de cangrejos que al abrirlos le cambiaban al aire de la noche un súbito olor de mar por el eterno de la dama de noche. Un hombre, el camaronero, que venía a hacer distintos los festivos de la tribu. Cuando pasaba la fiesta, el olor de su mercancía se quedaba en la memoria del aire, como si por la noche alta hubiesen cruzado, camino de no sé qué misterio, cangrejos y camarones alados…

Campanilleros

A Luisa Márquez

No jugabais a ser figuras de aquel Nacimiento viviente que era entonces la tribu, es que os sentíais pequeños pastores que iban de puerta en puerta, por varias calles, cantando coplas que se habían quedado colgadas de las ramas del aire heredado de diciembre. No, no era un juego, era un sentimiento, era saber que había que ser alguien en aquel paisaje donde no faltaba nada para ser un Nacimiento, el más hermoso, el mayor, el de más recursos naturales, y, sobre todo, el más tuyo. Había molinos en el río, y mujeres que iban a lavar a las orillas. Había leñadores que volvían casi de noche de los pinares y parecía que acababan de incorporarse al paisaje del Nacimiento. Y había por las calles, de día, vendedores callejeros; y en los cuartos de costura, muchas costureras que cosían o trenzaban puntos de lana junto a los *gatos* de colores de las madejas; y había posada; y había, en la plaza, un hombre que asaba castañas y por la mañana freía masa de calentitos; y había hombres que volvían del campo con el carro o con las bestias, y en la tierra, el arado entraba como una mano de hierro seguro.

Pero nada como aquellos chiquillos campanilleros. Sí, es verdad, algún carretero quizá os trajera una rama de madroño con frutos rojos y pintones; y olía la resina de la piña en algunos zaguanes; y olía a hornos en las calles; y cuasi se oía el paso del río; y había corrales con ropa tendida en los cordeles; y había cajas de madera con frutas y verduras en los zaguanes de los hortelanos; y pasaba el recovero con aquel escándalo de plumas enjauladas... Pero nada como los chiquillos campanilleros. Se sentían, en verdad, personajes reales de aquello que había ocurrido en Belén hacía cientos y cientos de años pero que —eso creían a pies juntillas— volvía a ocurrir, todos los años, en aquel sitio, en aquella tribu que todavía tenía murallas, y alminar, y palmeras, y tardes y noches hermosas, y caminos de chumberas y pitas, y casitas blancas, y chozas, y ese trajín de lo sencillo. Pero aquellos chiquillos eran el milagro, moqueando, de tanto frío, muertecitos de frío, heladas las manos, helados los pies, helada la carilla todavía sucia del último juego, frío el pelo, frías incluso las canciones de campanilleros, unas canciones que se llenaban de peces, de ríos, de ángeles, de pastores, de noche fría, de mulas, de una Virgen y un Niño... Tú sabes que era la verdad más grande que se acercaba a la Nochebuena. Ni lujos, ni comidas caras, ni ropa nueva, ni papel de brillo, ni luces... Aquellos chiquillos campanilleros eran la más clara y hermosa —y sonora— Estrella de Oriente...

Campeones

Al C.D. Aznalcázar

Son hijos de los que conmigo fueron niños en los cincuenta y tenían en la libertad del campo y extramuros todo su paisaje de juego. Son hijos de la leche en polvo y el queso de bola los sábados escolares; hijos de la niñez que de las aulas fue más raptada que huida para irse a guardar cabras, de ayudante a una fábrica de madera, de peón albañil, o de chanca o camarero. Son hijos de la escasez, de los sentidos que tenían que aguzarse para solventar el día a día. Son hijos de un título —un diploma— que nunca supimos bien para qué nos iba a servir, el Certificado de Estudios Primarios. Hijos de aquellos que, en el juego, improvisaban pelotas de trapo y hacían de un rastrojal un campo de fútbol donde las porterías nunca tuvieron ni postes, ni largueros, ni redes, las áreas se intuían y la línea de banda era un vallado. Futbolistas de garra y lucha, sin apenas técnica; futbolistas que cuando en el pueblo hicieron el primer campo de fútbol, cerca de la Fuente Vieja, con porterías reglamentarias, con las líneas pintadas con cal o yeso, con sus vestuarios —una choza—, con liguilla más o menos oficial, aquellos muchachos, al calzarse las primeras botas, tuvieron que acostumbrar los callos que habían dejado las alpargatas y el roce con la tierra, y algunos incluso se sentían ridículos al colocarse un pantalón corto y una camiseta, en público, enseñando las líneas del sol de ocho a diez horas a la intemperie. Futbolistas recién salidos del tajo que soltaban la bicicleta o la mula y se iban, oliendo a campo, a tocar un cuero que aún no dominaban.

Hoy, sus hijos se han proclamado campeones juveniles de su grupo en Regional. Los chavales, el domingo, lo celebraban como locos. Pero más que ellos, como un triunfo tardío, como una cosecha recogida a medias, los padres, mis quintos, mis amigos, aquellos que ayer dieron la primera patada, sí que eran felices. Y en la felicidad, una sonrisa de satisfacción plena y un brillo en los ojos, propio de quien tiene más corazón que años. Y aunque no sean mis hijos, yo también lo celebro como si lo fueran. Yo también sembré ilusiones en el mismo lugar que sus padres.

Campo de junio

A la memoria de Antonio Guadalupe

Era duro, muy duro, pasarse el día segando, al sol el lomo, dolidos los riñones aun con el amparo de la faja, y un sudor cereal que no podían cortar las hoces que ponían horizontales interrogantes entre las cañas de la raspa, donde los filamentos del trigo dolían a veces como púas de pencas. Era muy duro. Y duro, andar regando un tabacal recién plantado, con un cubo y una lata, mata a mata, doblado, siempre doblado. O doblado sobre las tomateras, escardando la tierra donde la grama o el cenizo aprovechaban el jugo. Encorvados siempre sobre el campo, sumisión de amor y esclavitud. Se meneaba este campo por junio con una esperanza de bielgos y costales que en la era dirían cómo fue la cosecha. Hacinadas las gavillas, turno de espera antes de ir al sacrificio del trillo. Se meneaba este campo por los caminos por los que iban cabreros y vaqueros, pegujaleros que iban a su minifundio como a la tierra de promisión, que en los abertales de estas tierras campas había mucho Dios hecho terrón y semilla.

Se meneaba este campo, que hablaba con interjecciones de muleros y sonaba con silbidos de pastores o con pezuñas que escribían en la tierra batida la dirección de los pastos.

Se meneaba este campo, hablaba, sonaba, tenía su queja y su música, su callado grito de esclavitud y sus silencios llenos de preguntas y de sueños lejanos. Estaba vivo este campo, entonces. Y era duro, muy duro, pero en aquella dureza que sólo resulta hermosa en las viejas fotografías o viejos lienzos, el hombre peleaba al lado de la esperanza, conversaba con la tierra, a veces con dura palabra de arado rebelde, a veces con duro corte de hoz que quisiera segarle el cuello a la miseria, pero también a veces con mimo de mano enamorada al palpar la erótica suavidad de unas brevas, unos racimos, la redonda maravilla carnal de unas ciruelas. Era duro, muy duro, penoso, cruel, injusto, siempre de mal pago, pero si el hombre andaba entonces sobre estas tierras para echarle un diario pulso a la esclavitud y a la escasez, sin que se columbraran amaneceres de soles distintos, el campo, con el hombre siempre cerca, estaba vivo, tenía voz de cultivo y de siembra, de recolección y de espera. Hoy, mientras mira otro perfil de la pobreza, el mismo campo que supo traer otros vientos y segar hoces y esclavitud, doblar bielgos y mellar trillos, está ahí, pero mudo, quieto, como embalsamado cadáver cereal, tierra que endureció en barro, barro que se endureció cuasi en piedra, de tanto silencio, de tanto olvido, de tanto abandono. Dura tierra, ayer, pero viva.

Canallas

A la memoria de Carlos Álvarez-Nóvoa y Juan Diego

Para él no había más manual de conquista que el bolsillo y el quiosco, y antes de dejar en el aire cercano de la chica el mínimo interés de una mano que se hace la tonta mientras se va a su lado por el paseo, una sonrisa gachona o una propuesta abierta, ella ya tenía sobre su falda una ambuesta de pipas, o una paleta de *popsicle* en la mano, o un helado grande en las dos. Un día le dije que no parecía que tratara de conquistar, sino de comprar. Me dijo que había visto en el cine que un chaval conquistó a una chica en la dulce frontera del quiosco, o en el cine, pero no rozándose por ella, sino acarreándole chucherías, como si la seducción tuviera un prólogo de cebadura. Le dije que no confundiera, que no conocía a ningún canalla de conquistas que no se pasara más tiempo hurgándole a la chica en sus pliegues textiles en busca de una magra recompensa, que rebuscándose calderilla para convidarla a pipas. Los canallas, le dije, no regalan, roban. Y no me creyó.

Aquel diciembre se vino lindo de niñas forasteras. Él siempre preguntaba por la más buena; los canallas, por las que repetían curso. A él le había fallado la fórmula quiosquera, porque las chicas con las que intentó un herbáceo magreo al darles los garbanzos tostados y unos envueltos besos hinchables *Bazoka*, acabaron dejándose magrear por manos que no iban al quiosco más que por un mentolado para fardar de humo dulzón junto a la piba, y besando de verdad, tan cerrados los ojos como abierta la boca, sin el incómodo añadido de un chicle donde la lengua podría enredarse como lagarto que intenta una oquedad de telarañas. Había puesto los ojos en una monería de catorce o quince años. La trató como a una deidad de tribu nativa a la que, tras un ritual de obsecuencia, cuasi entierran en frutos de la tierra. Le compró pipas, castañas asadas, garbanzos tostados... En la casa donde celebraban la Nochebuena, la sacó a bailar mientras Los Tres Sudamericanos cantaban *Cumbia bendita*, pero antes del primer *tibiribitá*..., la niña buena había apostado el cañón de su mirada en el hombro de él y apuntaba en una sola dirección: un canalla que ni siquiera la había saludado cuando llegaron a la reunión. A las cuatro de la madrugada, oliendo a castañas asadas, le dijo que iba a salir de aquel ambiente cargado a tomar aire, y a las cinco la vio besándose con el canalla en la misma calle. Le dije que tenía que cambiar de películas y ver sólo las de canallas que seducen y al final la chica tiene que comprarles el cigarrillo en cuyo humo la van a envolver... Creo que no me hizo caso. Se fue de la tribu y sigue soltero.

Caracoles

A Rocío García Barbeito

Era un lento hervor de diminutas trompas de viento metal, una despaciosa escapada carcelaria por un muro de zinc, como la lenta huida de la miel, rebose de espuma de babas, ya traspasada la selva aromática del hinojo verdeamarillo que acelera una noche de purga. Se te salían del cubo, Cangui. Y tú, vaquero de puntas más peligrosas, no sabías qué hacer por los bordes del cubo, mayoral que no daba abasto para tratar de que no se le desmandaran y perdiera su triunfo, aquella gloria que dentro sonaba como un murmullo de crótalos que susurraran, ambulante trompetería temerosa de un seguro desahucio, cuando otros hervores, calientes esta vez, tocaran al fin.

Presumías de tus caracoles, de aquellos caracoles que arrancabas de los cardos y los hincos de la vereda, más allá de Las Cabañas, porque allí eran los más gordos, los de cuernos más destacados, como si fuesen tataranietos de aquellos toros bravos que por ese mismo camino venían de las ganaderías del pueblo, amos del aire, dueños del espacio, que hacían encogerse a los pitones del vallado. Los caracoles que traías ramoneando hinojo en aquel cubo no eran del todo caracoles, o tenían un lejano cuarterón de bravo, que cuando aquellos caracoles asomaban su gaita y mostraban sus cuernos, algo de toro tenía su cara y algo de chiquero su concha. Mucho hinojo, y buena purga. Y después, a lavarlos, y a lavarlos otra vez, y otra, en agua distinta, que no amarguen, que con el aliño adecuado sepan a gloria de mayo en el caldo donde la cuchara al entrar suena como si hurgara en un osario…

—A mí, lo que más me gusta de un guiso de caracoles es el caldo con un chorreón de aceite que le dé al líquido un aspecto de pozo con cien ojos brillantes…

Me dijiste una vez que te daba lástima comértelos, porque eran como criaturas tuyas que te esperaban todos los años para un trasunto de ordeño en esos caminos, y que tu trabajo acababa en los lavados. Primero, cogerlos; después, echarles hinojos como quien echa verde a los animales; y cuando hubieran purgado, lavarlos y lavarlos… Pero tú no veías el sacrificio, el duro momento del fuego fuerte que calienta el líquido y los caracoles, doloridos, sacan su gaita en una desesperación que, aunque no la oigamos, a los cardos y a los hincos de la vereda tienen que llegarles sus gritos. Vivo venía el cubo donde traías los caracoles. Y tú, sin quitarle ojo al borde, aquella tapia de prisión, aquel muro de ganadería. Y entrabas por el pueblo mirando la cara que ponían quienes te miraban pasar como si vinieras de robarle al sonido del campo su almacén de trompas de viento metal, Cangui…

Cementerio

A la memoria de Francisco Mora Colchero

Sin que apenas lo fueras notando, dos cementerios se levantaban en tu cercanía, dos cementerios muy distintos en apariencia, pero iguales en su naturaleza. Paseabas por el pueblo y, al principio, te extrañaba que aquella casa, cerrada de puertas y ventanas, estuviera con notables desconchados en la fachada y con yerbajos en el filo del balcón y asomando al alero del tejado:

—Sí, esta familia hace ya unos años que se fue de aquí y la casa se quedó vacía y sin nadie que la cuide. Cualquier día, se cae.

Y así, en otros paseos, otras casas cerradas; otras fachadas con desconchados, otros yerbajos, otro vacío. Otras casas quedaron vacías y abandonadas porque sus habitantes fueron muriendo y aquellas viviendas quedaron convertidas en un panteón de ausentes. Sin darte cuenta, el pueblo, todo vivo en tu niñez, iba convirtiendo en nichos algunas casas. Sus habitantes, ya en otra ciudad u otro país, eran muertos en la muerte que da la distancia olvidada.

Caminas ahora por el cementerio, aquel pequeño cementerio donde podías aprenderte casi todos los nombres escritos en las lápidas. Al principio, era un cementerio donde apenas habías conocido en vida a media docena de enterrados; un cementerio donde creías que, salvo un par de niños, todos los muertos habían muerto viejos, aunque murieran con veinticinco, treinta, cuarenta años. Hoy, cuando lo paseas, encuentras asombrosamente poblada la tribu del silencio: tus padres, tus tíos, primos, vecinos, amigos íntimos, cercanos... No hay una calle de este cementerio donde no puedas contar medio centenar de nombres que estuvieron cerca de ti. Te duelen apellidos, epitafios, la edad con la que murieron... Si te dolían los nichos de la ausencia que eran aquellas casas vacías, más te duelen estos nichos llenos de muerte, de muertes que tanta vida fueron cerca de ti. Lees nombres y recuerdas su voz, su risa, su mirada, el calor de su abrazo amigo. Recuerdas cuando de niño jugabais o cuando de jóvenes recorríais el paseo, disfrutabais de las tertulias en la Plaza, hablabais de las niñas, del amor y de los guateques... Hoy tienes ya dos cementerios, el de aquellas casas vacías habitadas por desconocidos y este, el camposanto, con una población de muertos. Cuando saliste del cementerio, en la sobretarde, ya pisando las sombras de la noche, recorriste las calles del pueblo, ibas contando cuántos vecinos de ayer faltan, y te espantó comprobar que conoces a más muertos de hoy que vivos de ayer. El vacío del pueblo —piensas— ha sido como un cementerio que hubiese ido mudando muertes de lugar. Y ya todo es un cementerio, dos cementerios en uno: el de los ausentes y el de los muertos. Y le pides ayuda a Dios para entender tantas ausencias.

Chiquillos

A todos los campanilleros de Aznalcázar

Venían de cruzar, felices y traviesos, el largo paisaje seco del verano, en las noches interminables que tenían nombre de plaza, de calle, de muchacha, de helado, de cigarrillos de matalahúva y de tebeos de El Capitán Trueno. Apenas sabían nada de la Navidad, salvo las lecturas en la escuela y el frío, que era un reloj marcando las horas de vacaciones, un almanaque señalando las fechas de los escaparates que empezaban a mostrar los regalos que más tarde traerían —o no— los Reyes. Y los triquitraques, que ponían miedo entre las piernas de las chiquillas y dejaban en el aire un olor de cohetes aprendices.

No sabían ni qué instrumentos hacían falta, pero en la novena del Señor habían visto a los campanilleros grandes y se habían fijado en lo que tocaban: cántaro, guitarra, triángulo, campanillas... Ellos no tenían guitarras, ni hubiesen sabido tocarlas; no tenían triángulo, pero servía un aro del juego sostenido por un alambre, y servía un pectoral de medias cañas ensartadas con alambres, y unas campanillas nadie sabía de qué collera de qué mulas. Y un cántaro, casi siempre con la boca rota. Y a las calles, a ver si había caridad y alguien se levantaba de la mesa camilla y salía al zaguán a dejar unas perras gordas. Las manos heladas, helada la cara, los ojos llorosos de tanto frío, los moquillos, ay… «Iban por el pueblo / las noches de frío: / cántaro, alpargata, / sonaja de latas, / y en sus vocecillas /«¡Vamos a Belén..!» / Iban por el pueblo, / los campanilleros, / chiquillos que apenas / sabían leer…» El Niño-Dios era para ellos una metáfora que lo mismo sabía a hojaldre que a castañas asadas, y Dios —la idea de Dios— estaba donde las historias que les contaban en las noches de invierno, un poco más allá, muy poco, de El Jabato o El Guerrero del Antifaz. Dios era un cuento, para ellos. Un cuento lejanísimo. Y la Navidad —las Pascuas—, unas palabras distintas en la calle, cuando la gente se saludaba, «Felices Pascuas…», y unas candelas que encendían, pequeños pastores sin saberlo, en las últimas luces frías de los sitios del juego, la calle o el campo… «…Iban por el pueblo, / jugando a pastores, / sin saber la historia / de la Nochebuena…» Porque no la sabían. Para el niño, para aquellos chiquillos, la Navidad tenía, como sus juegos diarios, figuritas de barro, mulitas de barro, pastores de barro, pescadores, lavanderas, ángeles de barro… Y un Niño-Dios de barro. La nieve, yeso; las montañas, corcho. Pero no sabían que «…Iban por el pueblo… / y en ellos Dios mismo / se hacía Verdad.» Pasa todos los años.

Cilancos

A Juan Manuel Díaz Montero

Turbios, sucios espejos de bolsillo donde ni la luz más intensa puede verse la cara. Tiembla, rizada, la superficie de uno de ellos, el que está bajo el puente de los trenes, cuando la maquinaria pone a prueba la estructura de la obra esquelética de hierro. Donde ayer podían mirarse los chopos más altos y verse tendidos a lo largo de la amplia superficie, hoy ni los juncos de su orilla saben cómo son, porque las aguas —¿aguas?— estancadas y malolientes no tienen aquella gracia echada de espejo horizontal.

Cilancos. En la tribu los llamaban charcos o *bañaeros*, el Charco del Palomo, el Charco del Barberillo, el Charco del Maireno... Cilancos. Pero había charcos de aquellos que duraban todo el verano con aguas limpias. Corría el río, aunque fuera con un hilo de agua por algunos tramos. El río era como un delgado peregrino que de cuando en cuando, o muy de tarde en tarde, hacía paradas y pernoctas, se ensanchaba como una playa dulce regalada a los paisanos, arena, sombra de árboles de ribera y grama donde solazarse como en la mejor y más fresca alfombra jamás soñada. Cilancos. Recuerdas ahora El Molino de Roca, como una cala fluvial, tan apta para niños como para mayores, perfecto charco para aprender a nadar o para demostrar lo que ya se sabía, que se demostraba nadando hasta las barrancas que daban al norte, y desde allí, zambullirse de nuevo hasta ganar la orilla arenosa del sur. Eran cilancos, sí; eran charcos, *bañaeros*, pero todos tenían el hilo de una delgada corriente de agua. Y eso que la sangría de los motores era tan diaria como la necesidad de regar las tierras sembradas o plantadas. Hoy, que ya no tienes motores, que casi nadie mueve tus aguas —¿aguas?, ¿qué te queda de río, si eres, como ya te dijeron una vez, señalando los aislados, pequeños y sucios charcos de tu cauce: «como una agonía escrita / en sus puntos suspensivos»? Tuviste nombres sonoros, preciosos, Menoba —¿»lugar por donde cruza el estero»?—, Río del Ámbar, Río de las Acacias, hasta el Guadiamar que sigue nombrándote... ¿Qué fue de ti, aorta de estas tierras, gran padre líquido de tus vegas? ¿Qué fue de ti, rosario de playas —cuentas de cilancos—, arenero de la necesidad, eterno abrevadero, detalle de belleza echada, así en los estiajes como en las riadas excesivas... ¿Qué fue de ti, vestido del pan de oro del atardecer, plateado en noches de luna total, umbrío entre el bosque de ribera...? ¿Qué fue de ti, río de la vida de aquel niño que en tus aguas aprendió a no desear el mar, sólo la paz fluvial, itinerante y dulce? Cilancos, charcos, *bañaeros*... Tenías vida, entonces. Hoy, cuasi desangrado, agonizas en tus propias orillas.

Circo cereal

A la memoria de José Vera Ventura, Caterre

Como abrazadas canicas de cristal dulce, las uvas, arracimadas, aguardaban los últimos retoques del sol, antes de que la carne empezara a pedirles lagar y marrana, cerca de la aceituna manzanilla que andaba terminando su verde definitivo entre la gracia de las hojas, cuando por las ramas el viento anunciaba ya un rumor de manos y de ordeño. Pero quien mandaba en el campo, todavía, era la pista del circo cereal de la era, terrizo almirez donde el verano molía, con maja de soles, todas las farináceas que la tierra y el hombre habían levantado.

Los últimos sacrificios doraban el borde de la era, que las mazorcas amontonadas, rubias y rojas, eran un tesoro de muelas de oro alineadas que esperaba turno de descamisa, desgrana y tarjas, antes de que las mujeres vinieran con sus fundas de colchones a rellenarlas con camisas, que los machos —llamados en su origen olote o coronta— irían a encender fogones a las casas. Pero mandar, mandar en la era, el trigo. Del rastrojal, donde habían estado oreándose en las hacinas, llegaban las gavillas y les iban soltando el vencejo para que quedaran abiertas como vestales de gramíneas a merced de los cascos de las mulas y de las dentadas ruedas del trillo, aquella doble manera de morir del trigo, sacrificio con un fondo de tonada trillera que parecía cumplir una última y romántica voluntad cereal. Primeras vueltas de trilla, y a volver la parva, y otra vez cascos al trote y ruedas dentadas del trillo… Con la marea vendría la aérea caligrafía de los bielgos a ponerle al aire rubias crines de bálagos, una osadía de granos trapecistas y una fugaz constelación de tamo. Vendrían más tarde las palas, cuando la criba, en las manos de los *moreros*, se hubiera movido con gracia de danza tribal para ahechar el grano, y el aire entonces era una catarata de menudísimos pájaros que sonaba como un palo de la lluvia. En el balaguero, a orillas de la era, a orillas de aquel circo cereal, los chiquillos jugaban a un mullido montañismo de verano, mientras otros, quizá, veían un juego la labor de *asnillar*, subidos al madero del que tiraba el burrillo. Se preparaban, junto al carro, los costales y ataderos para *enfaenar* el grano limpio y cargarlo camino del granero, en el pueblo. Las tardes de río tras la labor en la era no las puede olvidar quien las vivió, aquel alivio del agua que quitaba de la piel el tamo pegado con el sudor. A la vuelta, la luz de la tarde, que era ya toda de oro, parecía, mirado desde lejos aquel llano junto al río, parecía, digo, levantarle una lujosa carpa de función de festivo al circo cereal de la era…

Consulta de Dios

A José Miranda Bonilla

La costumbre había hecho una senda por donde la fe, la devoción, la necesidad o simplemente el hábito creyente no faltaban a la capilla los viernes por la sobretarde. Un muchacho podía contrariarse si su pretendida, en el otoño asentado, perdía parte de la tarde *ennochecida* en el mostrador de una tienda, en la casa de su abuela o intercambiando madejas con una amiga, pero si su pretendida decía que tenía que ir a visitar al Señor, no había pantalones largos capaces de poner un pero. El viernes era, y es, sagrado desde otro lejano viernes donde la gente vio en el cielo la Mano del milagro. En la casa, la voz de la madre —o la del padre— dejaba caer el encargo al hijo que salía por las puertas camino del paseo, el casino o el cine:

—Que vayas a ver al Señor, que es viernes...

El hábito que vestían algunas mujeres, y aun algunos hombres, éstos en su camisa, era morado, y el hábito de ir a visitar al Señor tenía el color de la verdad a la que la tribu estaba hecha. Quizá muchos de aquellos hombres, y muchos de aquellos muchachos y aun muchas de aquellas mujeres no eran obedientes al tercer toque; quizá no fueran a más misas que a las de duelo, pero llegaba el viernes y aquella costumbre era sagrada:

—Espérate, que voy a entrar a ver al Señor…

Te lo dijeron hace ya varios años: «…que hombres que blasfemaban con la boca cerrada lloraran como niños al ver pasar a Dios con una Cruz a cuesta. Llegaban los muchachos, llegaban los hombres a la parihuela del Señor y amarraban su pañuelo como quien escritura en un nudo una vieja promesa. Porque sí. Porque para ellos Dios no podía estar lejos, tenían que fiarlo todo a una imagen.» Era así. Amarrar un pañuelo como quien anuda una promesa. Tenían que poner su hombro para sacar en procesión la imagen del Nazareno, y allí iban, a su capilla o a la iglesia, a buscarlo, a ponerse frente a él y rezarle, pedirle, darle las gracias o confesarle una desesperación, porque, ya te lo dijeron entonces, «necesitan un Dios con consulta en la tierra, un Dios con domicilio.» No se te ocurra nunca pesar, medir, cuestionarte la fe de quienes van por esa senda que llega a la capilla desde la casa, la taberna, el mostrador del ocio o la inolvidable costumbre de *viernear* con rezos frente a la imagen del Nazareno. A nadie ofende su fe, su devoción o su inercia; no te preocupes si son cristianos profundos, católicos o meapilas, santones o firmes creyentes. Déjalos. Mira qué hermoso ir y venir por las veras de la noche de los viernes. Si los vieras a vista de pájaro creerías que es el chorreo a la consulta de un médico famoso. Es eso, una consulta. La consulta de Dios.

Copla nuestra

A Isabel Cabrera Ramírez

Habíamos oído hablar, o habíamos leído, que «recuerdo a las muchachas de Aznalcázar cantando coplas de bamba en tiempo de carnaval». Mi madre, que nació en mil novecientos dieciocho, hablaba de que montaban las bambas y luego vendían las sogas a los carreros y gente del campo, y con el dinero organizaban una fiesta. En mi niñez, cuando las bambas se quedaron en las vigas de los cobertizos o en la rama de algún árbol, recuerdo una tonadilla, sí, pero pobre, monótona, y unas letras ñoñas, si no bastas. En el pueblo había, según mucha gente, una preciosa tonada de copla de bamba, pero ¿cómo era? Nadie la cantaba; o nadie se acordaba o nadie tenía interés. Hasta que un día surgió la luz, por casualidad, como un milagro.

Era el año 1976; yo leía en el salón de una casa familiar; cerca, en un cuarto, una madre joven trataba de dormir a su hija y mi ahijada. La madre, una excelente persona con un oído finísimo y mucho gusto cantando, empezó a soltar, bajito, aunque en tonos mayores, una melodía que llenó de luz la casa:

«Isabelita bonita,
hija de un Corregidor,
no te pongas tantos moños
que ya tu padre murió.»

Isabelita, Isabel, que así se llama su hija, se dormía al son mágico de aquella tonada. Me levanté de golpe y le dije a la madre:

—Carmela, ¿de dónde es esa nana?

Y me respondió:

—No, no es una nana; esta es la tonada de las coplas de bamba que cantábamos las chiquillas de mi infancia.

¡Milagro! Allí, en la voz de una madre que dormía a su hija, estaba, recién aparecido, el milagro de la tonada que nadie recordaba. Subí al coche y fui a buscar a Ignacio Mora; allí estaba Ignacio con su Niño, su hermano:

—Ignacio, coge el radiocasete, que vamos a grabar algo que te asombrará.

Llegamos a la casa y Carmela, Carmela Ramírez Pérez, tras vencer su timidez, cantó tres letras de coplas de bambas. Ignacio la escuchaba, cuasi extático, y me miraba:

—¡Antonio..., ¿con qué te pago estoooo...?!

Y a Carmela:

—¡Qué bien paseado el cante, Carmela...!

Como el radiocasete era de los Mora, en su casa se quedó la grabación. Pasó el tiempo, vino el C.E.P.A., alguna semana cultural, levantaron algunas bambas y, oh, milagro, oh, casualidad, tras escuchar a Carmela, salieron voces diciendo que también conocían la tonada. Muchos años más tarde, voy a pensar que sin más intención que la de darla a conocer, la tonada *de Carmela* pasó a ser, por arte de birlibirloque, de los Mora, nacida en su casa y conservada por ellos. ¡Anda! Ya ven. Juro por mi honor que es verdad lo que cuento. Carmela vive, a Dios gracias, y puede confirmarlo. Si Aznalcázar quiere reconocer el *descubrimiento* de la tonada de las coplas de bamba, bien podría tener, en justicia, un detalle con Carmela.

¡Corten!, ha muerto el operador

A Mari Pepa Lama

Hasta mi adolescencia, el cine fue el libro que no tuve, el teatro que necesitaba y la otra vida que sólo podía apenas suponer.

Y desde recolectar algodón, descargar camiones de cajas de cervezas hasta barrer el propio salón del cine, hice cuanto estaba a mi alcance con tal de no perderme cada domingo la función infantil, aquella de las cinco de la tarde, aquella que, amén de la emoción lógica, dejaba una extraña curiosidad por la función de noche, la de mayores, la de las tres R y los cortes, los títulos que abrían a la memoria los postigos del pecado —«La gata negra», «El desierto de Pigalle»— y aparecían en la cartelera de las puertas de los casinos con algún que otro fotograma retocado para esconder lo que uno, sin ver, veía.

Y es que el cine era, después, en el juego de cada día, la inspiración.

Y allá que íbamos por esos caminos como un Gary Cooper cualquiera, montados en caballos de caña y con *escopetas* de palos de mata de tabaco. Otro mundo.

El cine nos hacía peleones, justicieros, bandidos; o tiernos junto a la chiquilla aquella. Y cada domingo, cuando veíamos venir a Juanito, el operador, cargado con la valija de los rollos, le preguntábamos lo mismo:

—Juan, ¿hay muchos tiros en la de esta tarde? ¿Es *mú* larga? ¿Cuántos cortes tiene?...

Los chiquillos esperábamos en la puerta del cine hasta que sacaban el caballete con los fotogramas.

Y a imaginar, a querer ya echar a andar la película:

—Este es el malo, y ese del sombrero negro es el *muchacho.* ¡Vaya puñetazo que le está dando aquí el sheriff al bandido!

Nos sentábamos, locos, en las sillas de enea, esperando a que Juanito llegara con su novia, la dejara sentada en una silla junto a la cabina, en el gallinero, y apagara las luces como señal de comienzo.

Así, muchos años; tantos como tuvo mi inocencia, que fueron muchos también. Hace unos meses hablaba con Juanito, con Juan, y hacíamos cálculos de las películas que habría podido *echar* como operador en el viejo cine del pueblo. Me decía que eran incalculables. Y que es una lástima esa colección de fichas de películas que más de una vez empezó a conservar.

Ahora, en una *película* que me anunciaron hace más de un mes, sé que ha muerto Juanito. Lo enterraron el domingo, a las cinco de la tarde. Este domingo, en la función infantil, ha muerto el *güeno.* En paz descanses, Juan.

Desnudo tardío

A Manolo Nieto. In memoriam

La niñez la perdí para siempre la tarde que se me cayó por la quebrada de tu escote, aquel día que te inclinaste sobre la mesa para ver el horrible dibujo que yo hacía del mapa de España. Yo no sabía cómo trazar las regiones, pero tus dos pechos rebosando del escote me enseñaron cómo sería para siempre mi más deseada Sierra Morena. Tú te diste cuenta de mi asombro ante aquel macizo central, pero tus pechos, vírgenes de manos y de miradas, encontraron cierta libertad de mostrarse ante lo que yo tomé por un descuido y tú, quizá, como una manera de ofrecer sin menoscabo una virginidad. Desde ese día, y hasta que la adolescencia se me fue haciendo juventud, me pasé todas las tardes buscándote descuidos: dejaba caer cosas al suelo a la espera de que volvieras a inclinarte; cuando sentía tu voz por el zaguán, aquella voz que me lo despertaba todo, me echaba al suelo a fingir que jugaba con algo, para ver pasar tus piernas con la esperanza de que te agacharas o, si te sentabas a charlar con mi madre o mis tías, a la espera de que en un movimiento en la acalorada discusión o en una risotada, te abrieras de piernas y entre el cortinaje de tu falda apareciera el celebrado y umbrío circo de tus muslos. El deseo empezó a llamarse como tú, y te llevé a mi solución de soledad casi tantas veces como hube de llevarte —en valija de culpa— a la fría aduana del confesionario, donde cambiaba —si acaso hasta inmediatamente después de la comunión— los diecinueve años de tus piernas por tres avemarías y dos credos. Nunca pasó nada, porque a mí me faltaban cuatro años de Demonio y a ti te sobraban otros tantos de Dios. Nunca me lo dijiste, pero yo sabía que muchos descuidos tuyos no lo fueron, y muchas de tus soledades serían hermanas de las mías. Reduje todo tu cuerpo a mi mano derecha con la esperanza más cierta que insegura de que tú hacías lo mismo con aquella pubertad mía que me hinchaba de dolor los pezones.

Han pasado muchos años, aunque siempre a mis sueños de adulto viniste con aquellas piernas hermosas y aquellos pechos canallas asomados al precipicio textil del sujetador. La otra tarde te vi en la playa, en bañador. Salías de darte un chapuzón con uno de tus nietos: el tiempo te ha estropeado el cuerpo como jamás te lo hubiera estropeado la impaciencia de mis manos de adolescente. Nos hemos saludado, cariñosos, pero con un punto de no confesado rubor de amantes que se desnudan por primera vez. Y he visto cómo los dos lamentábamos ver morir el deseo no cumplido en el tardío despertar de carnes que fueron cobardes…

Dictado

A Manolita Rodríguez

Salíais una noche de la escuela nocturna, donde os conocisteis. No recuerdas si él fue a sacar algo de la cartera o si se le cayó de entre las hojas de un libro. Era una fotografía en color, la primera fotografía en color que veías, y creíste que se trataba de una actriz de cine:

—¿Quién es esa muchacha tan guapa?

—Es mi hermana.

—Sí, vamos, tu hermana…

Sí, era su hermana. Te dijo que vendría pronto a pasar las vacaciones de verano.

—Va a cumplir dieciséis años el mes que viene. Es mayor que yo veinte meses.

Si cumplía dieciséis años en junio, te llevaba más de un año. No cuadraba. Era una tontería, pero entonces lo normal era que el novio le sacara un par de años a la novia, y no al contrario… Pero, ¿qué hablas de novia, si ni la conoces ni sabes cómo se llama? Además, lo que menos te aleja de ella es la diferencia de edad; catorce meses. Lo que más te aleja de ella es la distancia física, más de mil kilómetros. Y el trabajo: ella trabaja en una fábrica distinguida y tú andas ahí, hoy rozando gavias y mañana blanqueando olivos. Pero tú tratabas de acercarla a ti todas las noches, cuando salías de la escuela nocturna y le hacías cien preguntas a su hermano, todas sobre ella. No escondes que, en los dictados, donde destacabas, escribiste más de una vez su nombre al margen de lo escrito, y el maestro te llamó la atención más de una vez, y siempre le dijiste que era porque ensayabas la efe mayúscula, que no se te daba bien. Una de aquellas noches, al salir de la escuela, tu amigo te dijo que lo acompañaras a su casa y después os ibais a jugar un futbolín. En una de las paredes del comedor, allí estaba, en grande, la foto en color de su hermana. Te quedaste mirándola como nunca habías mirado a una niña. Su madre habló:

—Esa es mi niña; qué linda, mi niña. Menos mal que ya viene el sábado…

Era martes. Vino. Tu amigo te la presentó. Ella salió al paseo con una amiga local. Te acercaste a saludarla y te invitó a dar un paseo. Sí, ella a ti. Más distancia. Y la ropa, otra. Y la planta, más: ella parecía una muñeca de cristal vestida de princesa y tú llevabas una camisa de nailon que resaltaba aún más el negror en que el campo había convertido tu morenez. Te enamoraste de aquella niña. Perdidamente. Pero había mucha distancia entre vosotros. De pronto, ella, al decirte algo, conjugó mal el verbo haber. Y la corregiste. ¡Era en lo único que podías superarla, gracias a los dictados! Pero ni aquello fue bastante. Os enamorasteis, sí, aunque fue un amor sin roce. Para colmo, se fue un día y la distancia no os dejó conjugar bien el verbo amar. Desde entonces, el verano es un dictado con una sola falta: ella.

Dios cercano

A Estanislao Martínez

Parece que ensayara Dios su día, en la noche de vísperas, serena, cuando en los patios duerme la impaciencia de la flor que ha de ser la cercanía de la huella divina en esas calles, que la mañana se abrirá despacio en pétalos de luz, gloriosa y vieja, y se hará sencillez de los trigales, y se hará verde agraz de los viñedos, y entrará por los patios a ponerle a la puerta un perfil de flores vivas. Vinieron de la vega ya los haces de juncia que se echan reverentes junto al romero que llegó cantando una canción de olor desde la prieta catedral de los pinos, y está el suelo para que Dios bendiga lo que nace para darle sentido a esta mañana. Que el Dios cercano que en el Corpus viene tiene mucho de humano y de aquel día cuando empezó a nombrar lo que hoy lo adora.

Un pájaro de luz revolotea por los aleros de la calle, y pinta de dorada alegría los perfiles. Dios está ahí, en esa maravilla de lo sencillo que regala el Corpus; Dios está ahí, por la mirada limpia de los niños que van tan confiados en que llevan a Dios como un estreno. Dios no está en el metal que se levanta en prodigio artesano y se pasea reclamando la luz para su brillo; Dios está en esos pétalos que entregan su color, su frescura, en la mañana, porque saben por quién se sacrifican. Dios no está en los postizos que no aguantan la verdad de la Luz que se les posa. Dios está en el amago de ese vuelo de una colcha, un ajuar que se hace vela que canta a Dios con hilos que no hicieron sino asomarse a Dios esta mañana, desde siglos atrás, desde que el aire se hizo Corpus por todas las esquinas. Oh, qué grande el anillo que le brilla a Dios entre los dedos, oro puro labrado por Él mismo, cuando estaba la luz como un rescoldo preparando este esplendor que ahora nos regala la mañana inmortal. Todo sencillo. No hay más oro, más plata, que el reflejo de lo divino al paso, lo que ahora es más Creación porque por Dios contesta: romero, juncia, flor, balcón abierto, ala bordada de las colchas altas, y racimos, y espigas, Dios que habla con su labriega voz de pan y vino, con su acento de vega y de pinares, con la floral metáfora del patio. Dios cercano del Corpus, Dios primero que pasó por la calle y contestaba en todo lo sencillo, donde sigue, que el Dios de esta mañana está tan sólo donde la sencillez se le arrodilla, y chirría en los brillos que pretenden un pulso a Dios de claridad sonora. Dios cercano del Corpus por mi calle, mirando de reojo las hortensias que mi madre regó para que al alba Dios les diera una mano de belleza. Dios cercano del Corpus, todavía sigues aquí, sonándome, tan vivo...

Doble de sogas

Para Ángel Formoso

No las campanas, Cangui, no; las campanas duelen siempre que doblan, sí, porque en cada golpe del bronce triste te preguntas quién habrá muerto, y no sabes que a lo mejor el muerto es alguien más cercano de lo que crees, o alguien que, por inesperado, te duele dos veces. Cuando en el aire en paz de la tribu, entre este precipitado piar de pájaros y esas ramas que ya tienen sus primeras camisillas de primavera, el aire se llena de golpes de campanas que doblan a muerto, siempre te sobrecoges. Pero hoy, cuando oigo doblar las campanas en esta mañana ventosa de un marzo haciéndose, más que las campanas, doblan las sogas, tocan a muerto los roces de las sogas que van desde el medio cuerpo de la torre de la iglesia hasta el campanario, como dos cuerdas de un contrabajo que alguna vez nos ha de tocar a todos. Doblan las sogas, más que las campanas, Cangui. Cuando de niño subíamos a la torre a alarmarla con toques de misa o repiques de fiesta, o cansinamente dolientes por el Día de los Difuntos, en las manos nos quedaba el vegetal olor de las sogas, como cuando sacábamos agua del pozo, o poníamos una jáquima, o amarrábamos con trallas cualquier cosa. Y sabíamos que todas esas cuerdas, todas esas sogas habían salido de las primorosas manos de un soguero ejemplar, de un hombre que se dejó —bolillos de su oficio— las manos trenzando el cáñamo.

Por eso hoy, cuando siento doblar las campanas y sé por quién doblan, lo que siento es el roce de las sogas, Cangui, y ese roce llora —con la misma prudencia con que él lo hacía todo— porque ha muerto el soguero, Luis el Espartero, aquel Luis Formoso que nos llegó a la tribu desde Galicia para trenzar cáñamo en el desahogo terrizo de la delantera de su casa, allí donde el pueblo era un adiós de cal antes de hacerse campo, frente a la Cruz donde despedían los entierros; sin descanso, con aquella paciencia suya, trenzando entre los dedos, como un fraile que eternamente pasara cuentas de un rosario de labor. Vino para levantar a su paso un monumento al señorío, al tacto, a la mesura, a la prudencia, al saber estar, a la educación, a la honradez, a la bondad, a la seriedad como hombre y a su sentido del humor, tan ajustadamente gallego. Por sus sogas de ayer doblaban o repicaban estas campanas, y, en justo pago, Cangui, por él doblan campanas y sogas, hoy, cuando entre los dedos de Dios se ha deshilachado la vida del soguero…

Domicilio

A Manuel Zurita Chacón

Hay un tiempo —me dices— donde vive la adolescencia, y un tiempo donde vive la juventud, y un tiempo donde vive la primera imagen de la madurez. Y un tiempo donde vive la niñez, donde mejor se siente. Así me hablas, esto me dices, a mí, que tengo un facsímil de tus años, copia exacta, que entre tú y yo había apenas el papel carbón del aire que nos iba calcando la vida a los chiquillos que jugábamos más horas que tiene el reloj. Podría decirte, con el cariño que da la vieja amistad, aquellos versos de Whitman de «Canto a mí mismo»: «...Y lo que yo diga ahora de mí, lo digo de ti, / porque lo que yo tengo lo tienes tú...» Es cierto, casi toda la infancia la tenemos en común, porque comunes eran entonces casi todas las cosas para los niños del juego, desde el recreo a la noche que por los días de diciembre se venía encima como un chaparrón de oscuridad.

Si la adolescencia tiene escriturado a tu nombre y al de aquella muchacha un patio con ambigú, una canción y un baile que parecía el ensayo del esqueleto de un abrazo, cuando el verano era una grillera de niñas por el paseo comiendo pipas de girasol y, en algún guateque, un emboquillado alhajando los dedos pegajosos de una Fanta de naranja, la infancia, que tiene labios con sabor a ganas de helado y la lengua roja, verde o amarilla de los polos de nieve, se te va por el verano y te cabe en una alberca de agua fría, cuando la tarde se hace un pan caliente en la memoria, o un río —el único río importante de tu vida— que refrescaba las sábanas de sus aguas para abrazarte; y una era, cuando los bielgos rayaran el aire como si fueran a convertirlo en un cuaderno de muestras. La infancia, por el verano, sí. Pero también por el invierno, o por el otoño alto que empezaba a ser invierno. Cuando llegan estos días y las tardes meten sus manos indiscretas en las cajas donde guardas las figuras —idas unas, rotas otras, mudas la mayoría— que tanto tiempo formaron tu paisaje de la Navidad, es cuando te das cuenta de que la niñez que en el verano se te puso feliz de chorros de aguas y de ciruelas, felizmente roja de sandía, ahora se te entristece con el azúcar no dulce de los dulces, pero es una tristeza que te alimenta, sin la que no podrías vivir, porque sin esa tristeza nada de diciembre sería lo que es; es más, puede que no sea tristeza, sino ternura que, al emocionarte, la llamas tristeza. Diciembre, mágico y frío domicilio de la infancia. Y esperanzador, y con esquinas de ternura y asombros, junto a esta luz que será siempre una fruta que sabe a niño preguntando dónde echa Dios los días que van pasando...

Don Antonio Labrador

A Isabel Rodríguez y a Isabel Labrador

Don Antonio Labrador vino al pueblo, muchacho apenas, a principio de los sesenta. Poco antes se había ido el cura anterior sin convencer ni a tirios ni a troyanos, y unos años antes otro había salido plomeado por escopetas linguales que llevaban tiempo apostadas en las tapias de la ocasión. Uno y otro, los salientes, no habían sabido mediar en dos bandos religiosos donde hay algunos que se morirán antes de firmar el último parte de guerra.

Él llegó sin aspavientos. Sereno, sencillo, humilde, sin muchas palabras y con muchos ojos; con las manos muy quietas y el corazón decidido. Don Antonio Labrador era otro cura y eso se sabía desde que esbozó la primera sonrisa. Y sabía lo de los bandos, claro que lo sabía. Lo que pasaba era que don Antonio Labrador llevaba tan a cabo lo del celibato que no había forma de que se casara con nadie. Y eso, los *terroristas* no se lo perdonaron nunca. Se plantó entre los dos frentes y dijo: «Ni entro en guerra con nadie ni consiento que nadie me aliste en la suya». Era incómodo. Allí, unos y otros necesitaban un cura que o bien se tuviera de propia parte o bien de enemigo. Pero aquel talante de la paz… Y la consiguió. El *terrorismo* jamás tuvo en don Antonio Labrador una sola oportunidad. Un día se fue del pueblo. Se fue, conste.

Hace un par de primaveras fui a verlo a Grazalema. Habían pasado más de veinte años:

—¿Cómo está *aquello* ahora?

—¿Aquello...? Como siempre.

—Como siempre, no. Cuando yo estuve fue distinto.

Llevaba razón el cura. Con él fue distinto. Con él no hubo forma de ejercer la guerra en el nombre de una Virgen. Ni santurrones mojigatos, ni lenguas calentadoras, ni *señores* de alto nombre fueron capaces de desviarle al cura Labrador su ministerio. Nunca estuvo entre los dos bandos; ni con uno solo: estaba siempre con todos. Y el que no entrara por ese aro, se apartaba sin necesidad de aviso.

Lora del Río, Grazalema y todos los lugares donde don Antonio Labrador haya estado podrán dar fe de su alta categoría humana y de su firmeza sacerdotal. Con los pobres, siempre con los pobres, con los humildes y los marginados. Y eso siempre es molesto. Hoy, cuando aún le debo un artículo sobre Grazalema, me entero de que se va a las misiones a un pueblecito argentino. No descansa. Para este cura siguen importando más los hombres que los santos de palo. Y en el pueblo, don Antonio, los que amamos la paz le echamos mucho de menos. Que Dios le bendiga.

Dos pasiones

A Miguel Montiel

Eran dos estudiantes que habían pasado por un seminario, dos inquietudes cuasi hermanas que traían, quizá como hilachas de reflexión de la sotana que les amagó, un aire de libertad y unas ansias enormes de cambio. Por entonces, las fuerzas vivas del pueblo intentaban reforzar la alambrada de la dictadura con los últimos espinos, pero por más que encontraron colaboradores en las voces rancias y de doble moral que juntaban o malgastaban su capital a las puertas del casino, aquellos jóvenes, que rompían —primera quinta estudiada, hijos de obreros— el perfil hipócrita de la sociedad, no estaban dispuestos a dejarse ganar la pelea. Ya no todos eran los que se achantaban al oír una voz de amenaza, porque además sabían que aquellas voces estaban engañando al pueblo. Y sabían que el tiempo que venía ya no podía ser —como lo había sido el tiempo de otros jóvenes— una propiedad repartida a capricho por quienes creían tener en su pasado de afinidad con el peor concepto de patria una patente de corso para hacer y deshacer a capricho. Entre aquellos hombres ágrafos que se encargaban de que nadie, salvo los suyos, descollara, estos dos jóvenes ponían un golpe de Estado en los comedores pudientes donde se rezaba a Dios para que siguiera dejando claras las clases. Y empezaron a escribir para denunciar, para señalar lo que olía mal, lo que se mantenía, tristemente, en el mismo plan que años atrás. Desde la sombra personal del sombrero de ala ancha y la voz que se creía sabia por vencedora, a estos muchachos los tacharon de *rojos*. No eran sino dos chavales que habían encontrado en los libros una manera de empezar a cambiar muchas cosas. Incluso algunas de las que les estaban perjudicando a quienes las mantenían. Entonces, la palabra libertad sonaba como si viniera cargada con un batallón de comunistas; entonces, cuestionarse la actitud del cura y la guerra entre hermandades era colgarse el sambenito de ateo. Ellos dos —apenas tenían dieciocho años— llegaron, escribieron, buscaron una fotocopiadora y una grapadora y lanzaron al aire mensual del pueblo algo parecido a una revista, y la llamaron «La abeja».

Nadie pensó en el vuelo; todos —y más, los señalados—, en el aguijón. Pero «La abeja» siguió viva por el aire del pueblo, unas veces fabricando miel, otras clavando el aguijón donde consideraba que había que clavarlo. Los dos chavales me llamaron, me pidieron, no sé por qué, que escribiera algo. Yo tendría diecinueve o veinte años. Cuatro noches, después de acabar el molino, estuve escribiendo a mano dos, tres páginas, en unos papeles rayados donde mi padre, en el verdeo, anotaba variedad, peso y tamaño de aceitunas. Alguien me prestó una máquina de escribir. Fue un artículo contra la doble moral de algunos que presumían de cristianos y se encargaban, gratuitamente, de repartir la moral. Un día vinieron a verme los dos exseminaristas: las fuerzas vivas —quiero decir, *muertas*— habían prohibido la publicación. Pero ya la gente había oído otras voces y estaba dispuesta a seguir criando *abejas*. En esa revista escribí mi primer artículo. Y fue ahí donde empecé a abrazarme a mis dos grandes pasiones: la palabra y la libertad.

El escapulario

A Jorge Segura

Aunque el sol botara por las calles como un balón de fuego, a muchos niños jamás se nos ocurrió bañarnos antes del día de la Virgen del Carmen, cuando se publicaban los baños. Recuerdo una tarde de primeros de julio, en la huerta de mis primos, que se vino un viento como si acabara de salir de los hornos y de las fraguas del pueblo. Un viento que quemaba, espeso, pesado, que calentaba el tronco de las higueras y templaba, en el arco de su chorro, el agua helada que acababa de salir de la noria. Nos asfixiábamos, si pretendíamos jugar. Cerca de nosotros, la alberca era la gran tentación, el líquido pecado del verano antes de la cintura de julio. Daban ganas de pedirle una excepción a la Virgen, de pensar que no iba a pasarnos nada por no llevar todavía al cuello el escapulario. Pero ninguno se atrevió a zambullirse en el agua fría que nos hubiera curado de las bestiales bofetadas de aquel viento que se vino como el pregón de un incendio.

Había dos escapularios, uno, el más barato, que costaba un real y aguantaba entero escasamente dos baños; y el otro, el más caro, dos reales, plastificado, que conservaba la cara de la Virgen todo el mes de julio. He dicho más de una vez que ponerme aquel escapulario era como colocarme un anual salvavidas, un hilo milagroso, bendecido por el cura y lleno de avemarías. La primera vez que, ya mayor, entré en el agua sin el escapulario de la Virgen del Carmen, confieso que tuve miedo, el miedo que nunca tuve de niño. Y, por confesar, recuerdo una tarde caliente que tuve entre las manos el cuerpo deseado de una chiquilla entregada a la que se le quedó temblando en la cintura —como un no deseado cinturón de castidad— un escapulario de la Virgen del Carmen. Ella observó mi expresión de asombro, y le dije que era incapaz de zambullirme en ella, si no giraba el hilo para que la imagen plastificada de la Virgen le quedara donde acababa su espalda, donde no viésemos la imagen cuando, en el oleaje de la pasión que envolvía la tarde caliente, nuestra lucha tuviera desesperado perfil de náufrago. Pensé entonces que incluso a las aguas de la pasión venía a socorrerme aquel escapulario. Buscaré hoy un sitio donde comprar un escapulario del Carmen, para colocármelo, aunque ya no vaya a bañarme a las albercas, ni a los ríos —ay, Guadiamar de mis veranos eternos…—, ni al mar abierto y grande, inmenso, que tanto me impone siempre; ni siquiera, aunque ya no sea tiempo de esperar una tarde caliente que te deje en las manos la tierna cintura de una pasión de veinte años con un escapulario del Carmen que le tiemble como un tímido cinturón de castidad…

El mar

A los Mellado Fuentes

Estaba lejos, muy lejos. Tanto, que no recuerdas a nadie que hablara de él. Si acaso, algún verano, oíste en la tienda que no sé qué familia había ido a tomar las aguas, y, más cercano a ti, le oíste contar a tus amiguillos de la panadería que habían subido a la canoa para llegar a Punta Umbría a pasar unos días en la playa, en el mar. Recuerdas que, a ti, más que las palabras mar o playa, te asombró la palabra canoa, porque no te explicabas que en una canoa como las que habías visto en películas de indios, pudieran viajar decenas de personas. ¿Cómo era aquella canoa de la que hablaban los hijos de aquel panadero que tomaba frecuentemente agua de Carabaña y tinto con sifón? Era, sin duda, otra canoa, o una embarcación mayor a la que llamaban así. Fuera como fuera, qué lejos estaba el mar entonces. El mar estaba tan lejos de tu puñadito de mundo como Madrid o las montañas donde todos los años se posaba la nieve. Estaba muy lejos el mar, muy lejos. Para ti, en verdad, el mar era el río, o al menos en el río podías aproximarte algo. Pero es que las aguas del río eran dulces y no tenían más oleaje que las virutas que a veces les sacaba la garlopa de un viento que soplara entre la altísima alameda; y las aguas del mar eran saladas y, eso te habían dicho, tenían olas como enfurecidos caballos que desataran sus crines blancas y gigantescas. El mar estaba muy lejos, muy lejos.

El verano en la tribu tenía un remedio de albercas, de caños maestros en los cultivos de riego como el tabaco o el algodón, y en el río, aquel lujo playero, sereno, íntimo y generoso mar dulce y local con aguas que olían como una muchacha a la que la pubertad se le hubiera subido a las caderas y a los pechos. Fue un verano de aquellos cuando el mar te llegó, como el más hermoso tatuaje, en las carnes que mostraba sin pudor —de tan hecha a estar en bañador en la playa— aquella muchachita que escandalizó con el blancor de su falda de lona cuando se sentó en un banco de la plaza y dejó ver dos muslos preciosos, tostados, del color de la lujuria que aquel mismo verano se te había metido como una calentura mala cuando, mientras llenaba de camisas de maíz una saca grande, le viste los muslos a Antonia la Húngara en la era de Eudemio… Así era el mar para ti: unos muslos adolescentes, morenos, magreados por los soles y los vientos marinos de dos meses de veraneo. Se te quedó metido allí el mar, allí retratado, y desde entonces el mar te sonó de otra manera, con otro nombre, en los muslos de aquella sirena paisana que se había quitado su medio cuerpo de escamas para enseñarte el mar más hermoso…

El Negro

A su viuda y a sus hijos

Se nos fue tu primillo, Cangui. Nada asegura la eternidad. Jamás un cigarrillo en la boca, un par de vasitos de mosto o su botellín y para casa. Delgado como una varilla de cohete, siempre a pie por la tribu, de su casa al bar, de su casa al centro, paso lento y seguro, amable con todo el mundo, sonriente, cariñoso y con esa simpatía tocada de la justa poca vergüenza para que nadie se molestara con sus cosas. Te quería mucho, Cangui. Me lo comentaba muchas veces, preocupado: «El primillo anda allí, solo, comiendo menos que un jilguero, con el cigarro todo el día entre los labios y bebiendo a veces más de la cuenta... Yo se lo he dicho, que se está matando solo.»

Te quería mucho, sí, y reía tus benditas locuras. Me lo comentaba porque sabía lo que eras para mí. Y se ha ido, Cangui, se nos ha ido tu primillo el Negro. Le decían el Negro y no era más moreno que nosotros, ya ves. Era tanto el Negro que mucha gente no sabía que se llamaba José. Si en la tribu dicen que ha muerto José Franco, muy pocos sabrían de quién se trata, pero decías el Negro y el sobrenombre terminabas de decirlo con una sonrisa. Todo el mundo le tenía ley, porque a nadie hizo daño y favoreció a quien pudo. Era buen tipo tu primillo, Cangui. Estaba metido en mi familia, tú lo sabes, por su mujer, y eso duplicaba el afecto. Trabajador sin desmayo, yo creo que jamás estuvo dos días sin trabajar. Cuando supe de él, que sería yo un chiquillo, quizá fuera ayudante de algún camionero, y creo recordarlo también trabajando en la madera. Era un personaje. Irrepetible, el Negro. Llegaba al casino y saludaba a todo el mundo, y con más de uno tuvo palabras descaradas, pero sin hacer daño. Las cosas del Negro. Con las mujeres, tanto o más. No creo que ninguna mujer de la tribu se molestara con sus cosas, porque no había en sus expresiones la mínima palabra de mal gusto. Sus cosas. Con la justa poca vergüenza para resultar simpático sin ofender y para no pisar jamás la raya del mal gusto. Lo que decía el Negro eran las cosas del Negro, y eso en la tribu era aceptado y aun celebrado. Un personaje, Cangui; como tú. Su ausencia por la tribu, aquella eterna figura de muchacho delgadito, cara aniñada y peinado con raya, sin canas, le daba aspecto de tener veinte años menos. Cuando el mosto riegue los mostradores del otoño, el Negro será una ausencia en las tabernas con sabor. Le gustaba ir a probar un vasito o dos, soltar cuatro frases de las suyas y, si alguno le respondía con palabras feas, él, sin dejar de sonreír, le soltaba un roción que no secaba en dos días. Se nos fue tu primillo el Negro, Cangui. Que la tierra sea generosa con él.

El otro mundo

A la memoria de Carmelita la cuponera

Aunque estuviera viva, llevaba ya varios años en el otro mundo, ese mundo donde ni siquiera es posible acordarse de un olvido. Me negué a verla desde que ya no era ella, aquella vitalidad expresiva, ocurrente, con su gracia exquisita. Estaba ya en mi paisaje más cercano cuando nací, y ahí continuó, y ahí continúa ahora su memoria, la larga memoria que me queda de ella. Tía Joaquina era un ser especial, en todo. Generosa, cariñosa cuando había que serlo y distante cuando lo creía procedente; alegre o con el gesto duro, según y conforme: muy de los suyos y muy abierta y confiada, y también imprudente, pero una imprudencia siempre subida a un acento coloquial y simpático que rara vez molestaba. Recuerdo de ella anécdotas y expresiones que me acompañarán siempre para aliñar con el mejor sabor la memoria o la conversación. La frase más repetida de tía Joaquina era: «Oye, ¿en qué termina?» se refería a los cupones, que ella en los cupones tenía esa variante de la esperanza que todo lo fía a un final de sorteo, más que a todos los números. Para tía Joaquina, unos finales eran ya premio que aireaba como una bandera de suerte y ánimos para volver a buscar *cuponeros* como quien en la sed busca el agua.

Empecé a preocuparme un día que no se acordaba bien de no sé qué receta, con la buena mano de cocina que tenía, ya fuera un arroz con conejo o una manteca de lomo. Desde ese día, tía Joaquina fue yéndose sin moverse de su casa y de los suyos. La recuerdo, ya muy ida, una mañana en el hospital, impagable cuanto le decía al médico, a quien trataba por su edad más que por el título y la profesión que ella no le distinguía. Impagable su adiós de media memoria, bellísimos disparates, graciosísimas expresiones de las que se hubiera ruborizado, si hubiera podido recordarlas. Yo la veía en ese ir yéndose en el que todavía había claros de memoria, pero me negué a mirarle sus bellos ojos, perdidos ya en la nada, y ponerme frente a su memoria, ya ida sabrá Dios a qué sitios. Ha sido la última de «las del gallego» en irse. Se me va el resumen de todas las demás, que estaba en ella, como en mi madre, pero también mi madre entró en ese mundo de memoria equivocada o desmemoria. A tía Joaquina la recordaré siempre como fue mientras *fue*. Y con su adiós definitivo recuerdo a tantas personas que van yéndose, sin moverse, a ese otro mundo donde nadie con memoria es capaz de adivinar qué sucede, si sucede algo. Mejor que no sepas, tía Joaquina, en qué ha terminado ese último cupón de tu vivir.

El pan

A la memoria de los Montero Crespo

Aun con la puerta cerrada, aquella casa tenía aliento de pan. Le olía a pan la boca, y las ventanas, y todos los cuartos; a pan olían sus habitantes, como si estuvieran hechos de harina amasada, como si fueran humano pan, nacidos del heñir de las manos de La Mano, como si hubiesen llorado y dormido en artesas, en vez de cunas, con la callada nana de una fermentación de levadura, leudo gregoriano paniego. Aquella casa olía como olían todas las casas panaderas de la tribu, como la de Guadalupe la de Matías, y la de Benjamín, y la del Zurdo, y la del Carmelo… Un quinario de olores por las calles, un bendito quinario de olores con el que engordaba el aire. Aquella panadería tenía el horno sobre la pared lateral de la calle, y cuando los chiquillos, en el invierno, pasábamos camino de la escuela las mañanas de frío, nos arrimábamos a la pared y pegábamos en ella las manos para calentarnos, invisible brasero en la blanca verticalidad de la cal.

Todo era pan allí, amasado, horno, despacho. Un ruido de medias, bollos y molletes sonaba en aquellos cajones como pesebres donde colocaban el pan para la venta, y al frente del despacho, limpia, seria, con un impecable delantal, María Josefa. María Josefa era el pan cuando éste llegaba al mostrador, aquel ventanuco que tenía aires de taquilla del cine o de torno conventual:

—Mari…, dame dos medias y tres bollos y apúntamelo…

Para amasar y hornear, en la trastienda de la tahona, cerca del horno y la pala del pan y los tableros donde se colocaban las piezas recién amasadas, allí, desde que su padre murió, el joven hijo varón de María Josefa, Matías, alma y corazón de pan, de pan bendito. En las noches de la Plaza del Cabildo, noches de juego infantil o de fiestas, de corros de niñas y de trajín de pueblo que va y viene, la panadería de Mari seguía soltando un alimenticio aliento de pan. Murió Mari, se creó una cooperativa, pero la casa seguía respirando con aire de pan, de despacho. Matías, además, ya no era aquel muchacho joven y fuerte, y los males puñeteros que han cerrado el despacho le han cerrado los ojos. Ha muerto el pan dos veces, porque cerrar una panadería en un pueblo es cerrar la despensa de la memoria, la despensa básica de aquellos años que lo arreglaban todo con «pan y lo que sea», pero que no falte el pan. La Plaza ya no tiene aliento de pan, y Matías, en su silencio definitivo, verá pasar por su callada memoria un diario maná de bollos, medias, molletes… La Plaza se le habrá quedado, exclusivamente, para un resumen de los días de Santiago, aquella pasión suya. Y el aire de la Plaza pasará hambre —hambre de pan— todos los días.

El puesto

A la memoria de Isidoro

La plaza tenía bancos de hierro, suelo de tortas de cemento cuarteado y grandes árboles rodeándola. En una esquina —casa de los caprichos infantiles—, el quiosco. Era una caseta de tablas pintadas en verde oscuro. Era una hermosa caseta. Atendiendo el quiosco, Isidoro, Príncipe del País de los Antojos de los niños, rey mago que, al cambio de las perras gordas, nos traía desde el oriente de las estanterías las chucherías y las novedades.

Por las mañanas, con Adela, su madre, despachándolos, y él friéndolos en un perol por fuera del quiosco, vendían calentitos de porra, a peseta la rueda, enroscado reptil de masa frita que podría escribir las verraqueras y los sueños desbaratándose de los chiquillos del pueblo a la hora del café con leche de la mañana.

Álbumes, estampitas, helados que él mismo hacía, cotufas, garbanzos tostados, pipas, cacahuetes, poniendo un olor pecaminoso en la conciencia del hambre de los cincuenta… Castañas asadas en invierno, granizadas en verano, y, en todo tiempo, aquel mostrador donde las alcancías que le comprábamos al Tío de los Tarritos acababan hechas trizas; mostrador que era frontera entre la realidad de los precios y el deseo de la infancia.

En aquel quiosco que en la memoria aún huele a azofaifas y a cartucho mojado de altramuces, muchos somos los que tenemos la ilusión de algo que nunca conseguimos, pero Isidoro, siempre, fiando unas y consintiendo ditas otras, nos lo ponía cerca. Aquella tarde que quitaron el quiosco de la plaza, a ésta le quitaron la casa más alegre, la más concurrida, la más mágica. Y por el juego había una desorientación infantil, como la golondrina que vuelve a su viejo nido y encuentra que han derribado la casa.

Pero volvió Isidoro. Ya no era aquella caseta hermosa, ni eran tantas horas la tentación de las chucherías expuestas a los chiquillos. ¿Te acuerdas, Isidoro, cuántas tardes esperé, impaciente, con dos reales en la mano, a que abrieras el quiosco? Ahora es un puesto ambulante, una carretilla —árbol de Navidad de los Deseos Pequeños— donde cuelgan piruletas y chucherías que sólo los que ahora son niños saben cómo se llaman. Volvió a la plaza y en ella sigue. Apenas lo notamos, pero si un día Isidoro volviera a abandonar la plaza, los chiquillos de ahora volverían, como los de entonces, a sentirla vacía, sin sentido, triste.

Las plazas que pierden sus puestos de chucherías pierden la magia que sólo la infancia es capaz de improvisar. Sigue ahí, Isidoro. Perpetúate en esta plaza. Sigue siendo abierta casa de la ilusión para todos los niños que quedan por venir al mundo.

El silencio

A Domingo Sánchez Franco

Conociste aquel tiempo cuando las voces sólo estaban en la pendencia de la taberna o el casino y en alguna discusión acalorada sobre toros, fútbol o cualquier minucia local de esas que a veces terminaron en guerra civil dos amigos o dos vecinos. Pero lo más hermoso lo conociste en el gran escenario del campo, cuando el silbido de un cabrerillo o la voz de un pegujalero cruzaban el aire y cubrían perfectamente un territorio de diez o doce hazas. El aire era una invisible página apenas escrita por los ruidos. Tú, como tantos otros, perteneces a una generación del silencio, por eso distingues tan bien los sonidos de los ruidos.

Es verano y las noches te llevan a otras noches, muy lejanas, en las que el azul infinito lo habitaban silencios que temblaban soñando hacerse sonido, palabra suave, música, escritura oral en aquella pizarra azul donde las constelaciones, señaladas en el libro escolar por líneas de una a otra estrella, parecían un extraño y altísimo juego de *encarruche*, un tres en raya del firmamento. Es verano y buscas en tu memoria a quienes te educaron en el silencio social de la tertulia, de la palabra deslizada como un bálsamo aéreo, de la anécdota contada como quien le susurra a un niño el primer cuento. Nunca te alineaste con la gente del ruido, aquellos que disfrutaban golpeando puertas para asustar a los vecinos, se juntaban para gritar algún peligro en el cine, iban por las calles desiertas y las llenaban de gritos, risas estridentes, patadas a una lata, silbidos groseros... Cuando hablas del silencio no dices que nadie hable, ni que nadie se mueva, ni que nadie ría o llame a alguien; hablas de saber adaptar el instrumento de la voz al auditorio de la noche, esté ésta en un poyete, un patio, un paseo. Cuando hablas del silencio hablas de lo que le pedía a la mujer aquel verso de León Felipe: «Ten una voz, mujer, / que cuando me despierte no me hiera... / Ten una voz, mujer, que no haga daño / cuando me pregunte: ¿qué piensas? / Ten una voz, mujer, / que pueda / cuando yo esté contando las estrellas / decirme de tal modo / ¿qué cuentas? /, que al volver hacia ti los ojos / crea / que pasé contando / de una estrella / a otra estrella.» Eso, eso mismo. Por eso escoges las noches, por eso no te sirven las de cualquier sitio, ni te sirven todas las personas que habitan la noche. ¿Dónde están las noches que tenían tanto silencio que, caminando solo por una calle, parecía que tu cuerpo lo iba cortando, como un invisible mascarón de proa? Tú vienes del silencio, del habitado silencio del buen gusto. Por eso huyes de las voces, de los gritos, de los ruidos, como de una maldición.

El tío Pedro

A Miguel Sánchez Gómez

Todos creíamos que sería el primero de la familia en morirse, y ha sido el último. La vida le dio dos golpes terribles; primero, su mujer, y el último, el mayor, la muerte de su único hijo. Pero el tío Pedro, que se me rompió entre llantos el día aquel del cementerio, era mucho tío Pedro. Y se levantó por cima de todo, como una luz baja que reta a la tormenta y vuela y la sobrepasa. Fue la única vez que lo vi llorar, pero en su expresión había algo de rabia por tener que llorar, él, que era la alegría suelta, y más que suelta, desmandada. A los dos días de aquello volví a verlo y, aunque no se le iba de los ojos la humedad, el tío Pedro ya era otro.

El tío Pedro era un trabajador largo como pocos; echaba mano de lo que fuera —ay, sus años de cabrero— y jamás se quedó atrás en nada. Pero en la taberna le pasaba lo mismo: no había nadie que aguantara tanto bebiendo vino, primero, y cerveza, al final. Nunca me expliqué cómo era posible mantener aquel equilibrio entre el vino y el trabajo, que, si nadie lo vio trabajar borracho, nadie lo vio sobrio fuera de la faena. Todo bondad, jamás una maldad a su cargo, un niño casi siempre borracho que soltaba frases intraducibles para los ajenos y de extraordinaria gracia para quienes lo conocíamos. Una vez amagó suicidio y se metió, más que se tiró, al pozo. Cuando se asomaron al brocal para sacarlo, el tío Pedro, con el agua por la cintura, les dijo a los salvadores:

—¿*Zubo* los cubos *caíos* que hay aquí abajo…?

Desde lo del pozo, algunos le llamaban «Golondrina», y él siempre contestaba lo mismo, aquel disparate de testículos sudados que en su voz parecía un neologismo entre pregón y copla:

—¡*Zúaloscjngenterpuel-lo*!

Le sudaban, sí, de toda la gente del pueblo. Cuando le decían «Golondrina» o cuando se metían con su borrachera, aquel péndulo callejero que llevaba cuando tomaba el camino de su casa, asentada en la falda de la muralla del castillo. Una vez que vinieron del periódico, me pidieron fotografiarme junto a mis amigos; te escogí a ti —¿te acuerdas, Cangui?— y a él. Fui a buscaros a la taberna, claro. Tenía ya media en lo alto, y le decía al periodista, como una expresión cariñosa: «¿Mi sobrino? ¡Mi sobrino es un forraje!» Siempre tan único, risa de todos, pero jamás despreciado por nadie. El tío Pedro Barbeito era mucho tío Pedro. Irá a la gloria. Y le pedirá a Jesús que le convierta en vino toda el agua del cielo. Y Jesús lo hará.

El vacila

A él mismo

Nadie en la tribu tenía aquellas camisas de cuadros que traía él para seducir al verano femenino del lugar. Pantalón de algodón, blanco, camisa de cuadros y zapatos beige. Era una catarata de simpatía, de seducción, de parla, de educación, de serena inteligencia. Rubio, ojos celestes, boca grande y amplia y blanca dentadura, siempre asomada, limpia, para enamorar. ¿Guapo, feo? Desde luego, el chaval más atractivo que cruzaba el verano como un imán. Venía solo, a casa de sus familiares, con el curso aprobado con sobresaliente, como siempre. Dominaba algo el francés, recitaba de memoria poesías que no habíamos oído nunca. ¡Cómo dominaba, con lo joven que era!

Sabía mucho, aquel chaval. Conocía Madrid, además. Y hablaba del mar cómo tú hablabas de los olivares. Había besado ya a algunas niñas… «¿Que has besado ya a algunas niñas?» Tendría catorce o quince años, a lo sumo, y ya te sacaba seis cuerpos en casi todo: inteligencia, disciplina, formación, relaciones, listeza, seducción…

—¿El rubio ese es amigo tuyo? Me parece a mí que ese es un vacila, ¿no?

La niña que te dijo eso le dejó al rubio ese, en el atardecer del paseo, la mirada y no se la quitó en toda la noche. Era un vacila, sí, porque podía serlo. Sabía canciones —menos mal que cantaba mal— que nadie sabía, bailaba mejor que nadie, jugaba primorosamente al fútbol, y al futbolín, y se defendía bien al billar. Flequillo de travieso, delgado, alto, elegante... Un vacila, sí. Ganaba a simpatía, a valentía al abordar a una chica, al organizar guateques... Que tú recuerdes, entretuvo sus besos en al menos tres o cuatro chiquillas de la tribu. Una de ellas, que no tendría ni catorce años, le dijo una frase que él te confió: «Desde que estoy enamorada, me parece que todas las canciones de amor las han escrito por mí.» Él le cantaba, mal y pellizcando peor una guitarra que había por tu casa, la canción *Lola,* de Los Brincos, que arrasó ese año. Sabes que la besó en la cara, y en la boca, y ella, como otras, se bebió todos los vientos del verano buscándolo. Un año —ya tú te habías ido—, faltó al verano de la tribu. Todo empezó a desperdigarse, como si nunca hubiese estado unido. Ni cartas, ni llamadas, ni visitas. Fue tu primer gran amigo, y la primera persona que te habló de poesía, y quien te dijo que tenías alma de poeta. Hace muchos años que no sabes nada de él. Hoy te lo has encontrado en un librito —una antología bilingüe de Lorca, que te regaló—, justo cuando en la radio sonaba *Lola.* Y has sonreído, nostálgico. Sí, era un vacila. Ya, viejo, seguirá arrasando allí por donde se mueva. Y en la tribu habrá abuelas que suspiren, si alguna vez se acuerdan de él...

El vacío

A Pepe Angustitas, in memoriam

Como si fueran hermanos de padre y madre, el campo y el pueblo se movían con los mismos andares, o parecidos, en algunas cosas. El campo se encendía con la primavera, luminoso de hojas nuevas, de flores, de canto de pájaros, de luz recién tejida, y el pueblo se encendía con preparativos de fiesta íntima, que si altares, que si patios, que si procesiones, que si la imagen del campo en las varetas de olivo y en las hojas de palmera, y en la ropa de estreno. Y cuando el campo había madurado las espigas del trigal y le había dado forma a la uva agraz de los racimos, el pueblo limpiaba la plata de la custodia para el Corpus, y colgaba colchas en los balcones, y repartía romero y juncia por las calles para que caminara el Dios descalzo del día tan señalado. Campo y pueblo, hermanados. Como siempre fue.

Recuerdas ahora el campo del verano y el pueblo estival, y caes en la cuenta de que todo seguía hermanado. Si durante el otoño y el invierno campo y pueblo estuvieron más quietos que en otras épocas; si durante ese periodo no había ni en el pueblo ni en las tierras plantadas o de cultivo un canto de vida como en otros meses —la recogida de la aceituna y la vendimia tienen mucho de tarea silenciosa, como de religiosos que recogieran cuentas para los rosarios de todo el mundo—, durante el verano, los dos, campo y pueblo, se alargaban, encendidos de luz y de faena, y convertían las horas, si calientes, en una inolvidable faena de vida. En el pueblo avisaban, como un pregón con el que se signara el aire, las Cruces de Mayo, avisando de la proximidad del verano en un canto todavía verde en los costados, aunque madurando por dentro; y en el campo, las primeras frutas eran una chiquillería vegetal vistiendo ramas, adornando matas, hermoseando las tierras. El verano se levantaba a lo alto del aire como el grano aventado en la era, como el pasto que, en vueltas salomónicas, se elevaba en las tolvaneras. En el pueblo, los veladores en las aceras, las muchachas con los vestidos sin mangas, las veladas de patio y tertulia, el frío amargor de la primera cerveza… Y de pronto, un día, como un largometraje, en el campo y en el pueblo, empezaba a terminarse la vida más viva. El fin de la cosecha dejaba medio vacío el campo y el fin del verano dejaba medio vacía la cara visible del pueblo. Inopinadamente, una tarde, una noche, el viento tenía otra temperatura y la luz otra talla de camisa. Y ni había faena en la era ni muchachos en el río, ni veladores en las aceras ni tantas muchachas en el paseo. Campo y pueblo, de la mano de las mismas sombras, caminaban, casi vacíos, llevándose el verano en los brazos…

En su mundo

A Justo Navarro, inolvidable

Se nace, sí. Después hay que hacerse, hay que luchar, pero si no se trae nada desde la nacencia, poco se puede hacer. Se nace. Él nació así, con eso que le bulle dentro, y tan firme lo traía desde el vientre de su madre que, aunque rodeado de alcohol, de humos de tabaco y de juegos de cartas desde que era un chiquillo, ni bebe, ni fuma, ni le gusta el juego. Querencia por los libros, por el saber. Siempre curioso, siempre interesado en cualquier detalle. No tuvo ni la escuela que mereció ni cercanías cultas que le ayudaran, pero en su soledad aprendiz no desperdició ocasión. Dice que ha ido aprendiendo a distinguir las buenas lecturas de las malas como el ganado aprende a distinguir entre las buenas y las malas yerbas, aunque para él no hay escrito que desaproveche, todo le vale, la más humilde revista, el más sencillo escrito en una revista local, los versos más ingenuos de alguien que ni siquiera sabe emplear bien el octosílabo… Todo le vale. Padece el síndrome de Diógenes, pero en saber, porque es hombre que ama la disciplina, el aseo y la limpieza de los espacios. De Diógenes tiene ese afán por ir acumulando libros, notas, cuadernos, periódicos, fotografías, estadísticas, estudios históricos… Enterrado en saber. Ha hecho de su cuarto un mausoleo de vivo en el que le sobra casi todo lo que ofrece la calle. Nadie lo verá en la barra de un bar tomando copas y discutiendo de fútbol; nadie lo verá en los rincones del juego donde las cartas recortan bazas y voces y la pendencia ensaya en gritos y en blasfemias.

Le sobran los lujos corrientes, que para él no hay mayor lujo que un libro que llega, una noticia que salta, un documento que aparece, una etimología a la que llega buscando el rastro y el sonido de una palabra… Es una pena que no tuviera las oportunidades que otros tuvieron y la despreciaron, que quintos suyos jamás sudaron la camisa en un tajo, tuvieron lujos cercanos muy pronto y hoy no le acarrean agua de saber a este filósofo solitario. Diccionarios, enciclopedias, colecciones de historia, biografías, guerras, nacimiento de civilizaciones… Todo le sirve a este Diógenes del saber. Ama la palabra, y por ella y su prodigiosa memoria hace de cualquier rato un ameno pasaje de los mejores contadores de historias. Jamás se aburre, siempre una ilusión aguardando, siempre las puertas de la curiosidad abiertas… Estos hombres así no mueren nunca. Gracias a Dios.

Esas manos

A la memoria de Joaquina, María Teresa,
Antonia y Rocío Barbeito Delgado

Andan por la cocina, como dos criaturas resueltas, sin parar, y van de la alacena a la hornilla y de los vasos a los platos, y de allí, al frigorífico, y cogen verduras o se ponen a buscar el vino blanco; o eligen platos hondos o miran a ver si queda pimentón, o a ver si hay ajos, o apartan un buen aceite. Andan por la cocina como un rato antes anduvieron por el arriate quitando yerbillas o removiendo la tierra. Pero ahora andan en la cocina, por la cocina, habitantes activos que jamás reposan, que se aseguran de que hay huevos, y pan adecuado, y todo lo que hace falta para que la cuaresma sepa a cuaresma.

Las manos saben que hay miel porque hace tres días —tres días de la memoria, más de medio siglo de almanaque— estuvo en la casa Pepa Mena con dos cántaras, una de miel y otra de meloja, y con una lata muy brillante fue echando miel en la preciosa lechera de cristal labrado que nunca sirvió de lechera. Pepa Mena venía desde su pueblo, más de una legua andada con la carga de las dos cántaras y, seguramente, como tantas gentes, el peso del hambre pisándole los talones. Y las manos, que lo saben, le han regalado a Pepa una botella de buen aceite. Las manos no paran; las manos son como diez personitas faenando en la cocina. Han cogido una bandeja de tagarninas y las lavan muy bien lavadas, que les salga toda la tierra. Y han cogido cebolletas. Y las manos andan ahí entre el perol y la espumadera, oliendo ya a resumen de cocina, a fondo de almirez o de mortero. Las manos se ponen a cocinar, hay que prepararlo todo muy bien. Escritas en la memoria, las recetas se suceden. Tagarninas esparragadas. ¡Cómo huele la cocina, y cómo huele el tiempo, y cómo huele la memoria...! El pan frito, los ajos fritos —«que no se te quemen, que amargan»—, el pimiento molido, las tres gotitas de vinagre, su poquito de comino, el aceite caliente donde se frieron los ajos... Las manos ya andan más sueltas, y al cálculo, un cálculo que sólo da el haberlo hecho muchas veces, la sal. Y la cocina se crece, y las manos vuelan como palomas felices porque el olor es la mejor crónica gastronómica. Y muy cerca de donde se enternecen, entre hervores, las tagarninas, las manos preparan otro rincón de la memoria. Pan cuadrado, y vino, y huevos batidos, y a pasar el pan por el vino —ni seco ni demasiado empapado—, y a rebozarlo en huevo, y a freírlo, después. Y más tarde, a pasarlos por miel hirviendo. Y en la cocina se santiguan los olores. Y se santiguan las manos, esas manos que nunca son tuyas cuando se meten en la cocina de la cuaresma. Aunque manos ajenas que resultan las más propias, porque son las manos de ella. Ay, memoria de la madre.

Estación

A Jerónimo Herrera López

El tren, reptil domesticado, silbaba en las cuestas cercanas y anunciaba su llegada. Pasaba ruidoso por el puente de hierro, sobre el río, y en las orillas temblaban los chopos como zamarreados por un escalofrío, y temblaban las junqueras como agujas nerviosas. El tren paraba a dejar viajeros o a recogerlos. Había entonces trajín de vida en la estación, en la cantina, y el andén era acera de despedidas o de recibimientos. En tren venían los llamados viajantes, agentes comerciales del muestreo, y cosarios y tratantes. En tren venían payasos sin trabajo, ilusionistas de paso, vendedores de extrañas mercancías que buscaban en el pueblo el pan de urgencia y una salida para seguir adelante. Venían torerillos, maletillas con el hato al hombro y el hambre y la ilusión en bandolera, y venían cantaores desengañados de la fama negada, o de las mujeres, del vino o de la vida... En verano venían algunas hetairas a aliviar al paisanaje varón en un improvisado tálamo de eneas a la sombra de las alamedas; meretrices de desecho, hastiadas, sin sitio ya en los salones caros de la capital y cansadas de la noche ambulante de los lupanares infames de los extramuros. Putas que venían con un lejanísimo fondo de dignidad en alguna parte, que fueron, medio desnudas, primer abrazo de jóvenes y querida de una hora de maduros incapaces de golfear en cama propia. En verano también, al frescor del río y de las sombras, locas de adelfas y florecillas, arribaban mariquitas con la boca llena de coplas, los ojos llenos de insinuaciones y el sueño lleno de muchachos tímidos o demasiado atrevidos que se prestaran al revolcón en la yerba o a aceptar como femenina una mano que buscaba insoportables calores de primera vez en ayuna.

La estación está hoy sola, sin vida viajera. El tren pasa junto a ella sin mirar, sin detenerse, sabedor de que ya nadie espera. Un silbido, sí, como una genuflexión ante un cadáver. La estación empieza a derruirse —ya no están ni la cantina ni el retrete—, y me da miedo pensar que su aún grácil perfil neomudéjar acabe por desmocharse del todo entre sus hierros pintados de azul y ese sabor de vieja señora viajera que mantiene junto a la vía, cerca del río, solitaria despedida o solitario recibimiento en medio de las tierras por donde las vías cruzan como surcos de imposible semilla.

Ay, viejas estaciones sin servicio, jubiladas posadas, caídas casas de una tarde, un día o unas horas. Me da miedo pensar que cualquier tarde, en el último tren a ningún sitio, esta vieja estación suba al estribo y se despida para siempre de mi mirada.

Estampas

A la memoria de Jesús García Barbeito

Al final, estampas. Estampas que a veces se mueven y se convierten en película, pero de esa película la memoria escoge los fotogramas más destacados. Estampas, fotografías, fotogramas. Imágenes, al fin.

—Si pudiera hacerle un marco a este trozo del paisaje que estamos viendo, sería el cuadro más completo de mi memoria infantil; cabría ahí casi toda mi infancia…

Estabais mirando un paisaje paredaño a las últimas tapias de los corrales de unas casas que tenían un cuarterón de campo; en ese paisaje había una era con gavillas que los hombres no tardarían en dejar sin vencejo para esparcirlas para la trilla; y un balaguero, y un sombrajo abierto al sur y al norte y ciego por la cara de poniente, como escudo frente al ataque de las tardes, que eran largas y calurosas. Y había, en primer plano, un pozo con un pilón largo. El enfoque lo hacíais de tal forma que se veían bien la era y el sombrajo. ¿Y allí cabía una infancia? Sí, al menos los veranos de una infancia; al menos, todos los julios de la infancia. Llegaba julio y era otro el aire, otra la luz, otros los olores. Si el viento pasaba por una arboleda, dejaba olor a ciruela madura; y allá arriba, asustando la paz de los panderos y el vuelo de los vencejos, el aire era otro, por ruidoso, con una mentira de tormenta chica, el sonido de los cohetes que anunciaban que estábamos en el mes de Santiago. Y allí cabía la infancia, sí, y de muchos más. Una preciosa estampa del álbum de julio.

Estampas, sonidos, luces, olores. Julio. Julio era la mujer que a orilla del paseo vendía «*artamuse, salaítos y durse…*»; y era la cartelera del cine anunciando la película de la noche; y era la noche misma proyectada en el cinemascope del azul altísimo; y era la niña que esperabas, que aparecía en la plaza con un polo de nieve y una camisa clara y enfilaba sus pasos al paseo, buscando encontrarse o buscando encontrar; ay, vuelos de ojos en el paseo, invisible pajarería alada de pestañas y párpados… Julio era un patio donde se asentaba la tertulia, o un poyete, o un velador del casino, mientras la dama de noche emborrachaba las esquinas y el jazmín era una adolescencia blanca que se elevaba como una aparición… Julio era una sandía que se abría como si se rompiera el tronco de un árbol grandísimo y dejaba en dos mitades un mundo de azúcar roja… Julio era una canción y el detalle de postiza hombría de un cigarrillo, o la morisqueta tras el espumoso amargor de la primera cerveza, o el no saber cómo andar por el primer verano con pantalones largos y camisa de tergal… Julio era, quizá, esto mismo, pero con dieciséis años en la cartera…

Extravagancia

A José García Barbeito

Aquella tarde de verano, desde que salió de su casa cerca de la Cárcava, el Niño de Tormenta convirtió en admiración todas las miradas que se fijaron en él cuando subía, carretera arriba, a la zona de los casinos y la Plaza. El Niño de Tormenta había vuelto a la tribu tras una larga temporada de emigración, y decidió que aquella tarde de domingo era la mejor para salir con los pantalones dos dedos por encima de los tobillos y aquellos calcetines colorados que despertaron comentarios entre unas gentes que, en calcetines, como en tantas otras cosas, no había salido del blanco y negro, con ligera parada en el gris oscuro:

—Ha pasado ahora mismo el Niño de Tormenta con unos calcetines *coloraos*... ¡parece un pájaro perdiz...!

La extravagancia podía estar en el color de unos calcetines o en el peinado de alguna forastera a la que hubieran invitado con ocasión de alguna fiesta. Lo raro era, entonces, cualquier cosa: un brazo tatuado que no fuera de un legionario —los tatuajes de hoy quizá deriven de nuestras calcomanías de ayer—; alguien que llegara con un magnetófono, con una guitarra; alguien que supiera decir seis palabras en francés o en inglés; o un color de chaqueta o de jersey, una camisa que no se arrugara; o alguien que acabara de llegar de Madrid, de viaje de novios, y hablara del metro, del avión o del coche-cama. Recuerdas la que se formó en el pueblo cuando los Navarro volvieron de Barcelona tocando la armónica y bailando el twist. Era raro incluso ver a alguien fumando emboquillados, o a una chavala de la capital que, con la falda más bien corta, te pidiera que la invitaras a un vino dulce en el bar, cuando ninguna mujer entraba, ni sola ni acompañada. Pero la extravagancia fue desapareciendo poco a poco, al mismo ritmo que las calles fueron llenándose de más extravagancias. Aquello que resultaba raro un día, al día siguiente estaba muy visto, y al siguiente, caducado. Causó extrañeza la primera pareja de novios que iban abrazados por el paseo; y lo fue ver al primer paisano que se dejó el pelo largo o las barbas; y lo fue ver que, por primera vez, alguien no se ponía luto por su madre; y fue comentario de todo el mundo la imagen de la primera mujer que se puso un cigarrillo en la boca, en público; y lo fue el primer saludo entre muchacha y muchacho con un beso en la mejilla, y fue una bomba la primera vez que se habló de un divorcio y aun de una separación… Hasta que todo fue suavizándose, haciéndose corriente, porque iban sucediéndose las extravagancias y los atrevimientos. Hoy, los calcetines del Niño de Tormenta causarían extrañeza, sí, pero por catetos, por obsoletos.

Famosos

A Pepe Bueno Montes

Alguien lo dijo y corrió de boca en boca, como una cancioncilla breve y pegadiza: «Dicen que Lola Flores viene con Triana...» No recuerdas si fue con Triana o con otra hermandad, pero aquella morena a caballo era, sin duda, Lola Flores. A caballo, junto a jinetes amigos o anfitriones. Y en una carreta, otros nombres de mujeres del espectáculo, cine, baile o canción. Pero Lola iba a caballo aquella mañana, y además su caballo era el primero, sobresalía una cabeza de los de sus acompañantes, y Lola parecía la imagen viva de una diosa gitana que iba, sensual mascarón de proa con un vestido de flamenca, abriendo el paso de la hermandad. Repartía saludos, tiraba besos que colocaba en tres dedos de su mano derecha, morena paloma mensajera que iba dejándolos en los muros, en los poyetes, en los malecones y en las aceras donde el pueblo se alineaba para ver pasar la hermandad. «¿Has visto a Lola Flores? ¡Qué guapa va...! ¡Qué traje de flamenca más bonito lleva...! ¡Qué simpática, qué natural...!» Lola era el gran atractivo, más que la carreta del simpecado y más que todas las hermosas carretas que la seguían; más sonada su presencia que los cohetes en el aire; más que el tamboril; más que las coplas… «Que llueva, que ventee, / que *jaga frió…*»

Una mañana hermosa se formó un revuelo especial a la puerta de los casinos, en las casapuertas, en las aceras, desde la entrada del pueblo hasta la salida. La voz señalaba a unos caballistas, y hasta allí te fuiste; te subiste al saliente de una ventana y desde allí los viste: ¡Los Hermanos Toronjo…! «Dijeron Lola, dijeron Lola, dijeron *Lolá…*» Sí, y después, «Está nevando, está nevando, está *nevandó…*» Sí, eran ellos, cantando acompañados por la caña que magistralmente tocaba Pepe Toronjo; Paco, en la mano una copa y en los labios el amago de una copla, enronquecía el aire de la mañana alta y, como si le hubiese crecido en la garganta un gregoriano andevaleño, empezaba a cantar: «Que no la quiera, que no la quiera, que no la *quierá…*» Ya entonces la gente celebraba más la presencia de un famoso que el paso de un simpecado y que cien carretas vestidas con gracia y oficio. Y eso era allí, en el pueblo, y en las barrancas de El Vado: «Carmen Sevilla se ha bajado en Quema, dicen que está trabajando en una película del Rocío…» Famosos. Todavía recuerdas aquella sevillana: «¿De *quien'ese* caballo / con tanto brío? / De Manolo González, / que va al Rocío. / Lleva a la grupa / a una muchacha guapa / que es de Sanlúcar…» Como hoy. Pero entonces la fotografía se revelaba en la mirada de los pueblos que veían pasar las carretas del Rocío...

Feriantes

Para Antonio García Soto

Una familia paseaba por el pueblo la cartelera con los fotogramas de la película del día, anunciándola con tambor y corneta. La familia no sabía que a veces aquella imagen suya era la de un drama anunciando una comedia. Darías la vida hoy por revivir en cualquier calle aquella estampa, sólo el instante justo de fotografiarla y que desapareciera de golpe, que aquella era una estampa del hambre y el hambre es mejor que esté lejos.

Como el cine, algunos circos. Se instalaban en los trascorrales, en un infame descampado, y, para reclamar el interés, el día del estreno paseaban por las calles mostrando lo mejor que tenían, el brillo gastado de sus vestidos, el cobre sin brillo de sus trompetas, el pellejo cansado de sus tambores, la juventud perdida de sus artistas, y la incansable sonrisa del agrado de la necesidad. Y, por encima de todo, su dignidad artística, intacta, satisfecha, orgullosa. Siempre tuviste una especial debilidad por la gente que llegó a la tribu a dejar un no escarmentado sueño de fama nacional, las habilidades del malabarismo, la escalofriante imagen del funambulismo, allá arriba, o el imposible mundo de los magos. Palabras, risas, música, vistoso ropaje, alegría, vida… La gente del circo, del cine, del teatro; y la gente que venía con las cunitas voladoras, las barcas, las bicicletas de alquiler, aquel mundo misterioso, de tristeza en la trastienda y sonrisa ante el cliente; aquel mundo que multiplicaba el trabajo cuando los pueblos multiplicaban los festivos, siempre tuvo para ti un atractivo, una silenciosa propensión a la trashumancia artística de ir recorriendo pueblos y descubriendo mundo. Te atraía la naturalidad de la muchacha que por la mañana iba a comprar frutas al puesto y por la noche, en la función de teatro, era Genoveva de Brabante; o la del mago que pedía un café en el casino y pagaba, y por la noche convertía pañuelos en llamas, o en palomas, o en plumeros, y sacaba dinero de las orejas de los niños. Hoy, cuando ves a los feriantes manifestándose, porque la pandemia les ha cerrado el espectáculo, vuelves a la vieja tristeza de aquel tambor, aquella corneta junto a la cartelera. La necesidad es la necesidad en cualquier época. Y duele saber que, para estos feriantes, las ferias se han convertido en miseria. Ni el látigo restalla, ni la noria sube, ni los coches locos colisionan, ni a la tómbola asoman muñecas, ni en la noche asoman las medialunas de coco, ni la niñez ensaya el vuelo en los globos, ni los mayores, un paso mesiánico para abrir el Mar Rojo con un báculo de caramelos. Inventen algo para su necesidad, que ellos lo inventaron todo para nuestra diversión.

Hambre cantada

A la memoria de Valme

Porque eran del hambre, Cangui, las manos que empujaban a aquellos hombres a salir a la calle, cuando el otoño y el invierno llegaban a la noche de la tribu a buscar bajo la lluvia el pan mojado o, entre los cuchillos del frío que encogía las esquinas, el pan helado de la noche. Me acuerdo de ellos y celebro que ya la necesidad no tenga aquel perfil humillante que los echaba a la calle cuando todo el mundo estaba en su casa, calentándose en un brasero o a cubierto de la lluvia. De los que pasaban, recuerdo a tres, uno con bellotas gordas y dulces cantándole en la boca; otro, cantando castañas de la sierra; y otro, almendras, gordas y tostadas. De este último me acuerdo más, Cangui. Tú lo conocías bien. Aunque mayor que tú, lo conocías del pinar, que los dos coincidíais haciendo cisco y volvíais al pueblo cuando los comedores olían a cocido de la cena y las casa-tiendas encajaban las puertas.

Venía cantando el hambre con su media lengua, con aquella voz suya, pequeña, miedosa de tanta costumbre de andar pidiendo y de que casi nunca le dieran. Venía por la calle cuando el silencio de la noche permitía que cualquier voz se metiera en los cuartos sin necesidad de abrir la puerta de la calle, que entonces había tan pocos ruidos callejeros, que una voz de la calle parecía que pasaba como pasaba como una loca la Soledad Montoya de Lorca, «de la cocina a la alcoba.» Estábamos cenando, seguramente, a la luz de un quinqué, que entonces la luz se iba antes de venir, si un viento más violento que de costumbre zamarreaba la noche. O habíamos cenado ya y los chiquillos nos hacíamos los remolones para retardar la hora de ir a la cama, quizá jugando a la lotería, quizá pidiendo que nuestros padres nos contaran alguna historia, quizá argumentando que teníamos que escribir seis planas que nos había encargado el maestro. Aquel hombre que venía por la acera con su esportilla acercaba la voz a las puertas: «*Gooordas y tostáaaaas... Armendraaas...*» Una calle y otra, una casa y otra, una noche y otra, un invierno y otro... A perra gorda la almendra, Cangui. Vete a rebuscar almendras una tarde y otra; llévalas al horno o tuéstalas en tu casa; pártelas cuando todavía esté caliente el fruto; ándate el pueblo, calle a calle, pregonándolas, a gorda la almendra, y dime tú si eso no es un empujón que da el hambre en la espalda de la necesidad. Aquellas almendras tostadas, las naranjas, las papas y los manojos de espárragos ofrecidos a pie de carretera, las castañas, todo lo que ha precisado de un hambriento esfuerzo del hombre, qué barato me parece siempre, Cangui...

Infancia feliz

A Domingo Acosta

Casi todos tuvieron que dejar pronto la escuela, porque la casa pedía manos que se emplearan en ayuda a lo propio o manos que se fueran a lo ajeno a buscar dos pesetas guardando cochinos, de chanca en alguna cuadrilla o de niño para todo en la poco escrupulosa jefatura de algún pudiente con una huerta, una vaquería o veinte hectáreas de tierra. Casi todos tuvieron que sacar el Certificado de Estudios Primarios en las clases nocturnas de alfabetización, robándole horas al paseo, a la media novia o al propio sueño. Casi todos llevan en la mirada esa vejez prematura de niño yuntero, y casi todos han ido ya más de una vez a Sevilla al especialista con un volante del médico de cabecera en el que casi siempre se lee lo mismo: cervicales, posible hernia discal, artrosis... Pasan factura los fríos terribles que se metían en los huesos en las duras mañanas de intemperie, y los sacos de granos o de aceitunas sobre un lomo que estaba haciéndose, y los esfuerzos con las herramientas. Pero todos aquellos niños de ayer, niños arrancados de la escuela y arrojados al trabajo duro, niños que durante mucho tiempo firmaron sin saber leer sus propias palabras, niños camareros, niños aprendices de la explotación, niños del monte y la piña, o del carboneo o la escarda de la remolacha, niños de la vendimia y el verdeo, todos los días, aun de noche, a la vuelta del trabajo, después de soltar mulos o encerrar cabras y ovejas, buscaban la plazoleta, la calle o el descampado extramuros para dar rienda suelta a la niñez que necesitaba el ejercicio diario del juego. Libres, furtivos de las últimas luces de la tarde, cuando los carreteros volvían cargados de troncos del pinar, los niños jugaban a las cuatro esquinas, a piola, a esquiva, a los ladrones, a la pelota, a correr, a brincar, a ser niños. Y a comer y dormir. Y al amanecer, otra vez la dureza del trabajo. Pero otra vez a la tarde, o a la noche, vuelta al juego, a la libertad diaria, al diario ejercicio de la niñez.

Si algunos de aquellos niños leyeron un informe que dice que el ocho por ciento de los niños de España sufre depresiones, y el cuarenta, estrés, y que todo es por la falta de tiempo, por la falta de juego, porque ven cómo se les agota la infancia sin haberla probado, porque saben que están explotados con la sobrecarga escolar, con los cursos añadidos de idiomas o de piano y guitarra, y que por más que sean modelitos bien vestidos y bien alimentados y apunten un gran futuro cultural, tienen la más grave carencia: la libertad para ser niños; si algunos de aquellos niños de ayer leyeron ese informe, no sentirán envidia, porque saben que en su infancia, por más que fuera precaria en estos lujos, se hallaba el camino para llegar a la libertad del juego y la imaginación. Se sentía la niñez. Y si tenían una tarde totalmente libre, en cualquier tarde de aquellas podría cumplir tres años cualquier niño de hoy. Lo malo de ayer, nunca más. Hoy, enseñanza, higiene, educación, cultura, sí. Pero también niñez. Que no habrá hombre satisfecho donde antes no vivió un niño feliz.

Jiras

A la memoria de Modesta Barbeito Delgado

En su memoria de escolar hay palabras que siguen ahí, sonando como una agradable campanilla cuyo son le lleva a las imágenes, retrato o película, que guarda en los mejores recuerdos. Al niño le suenan, entre otras muchas, las palabras tiza, pizarra, dictado, lectura, pluma, tinta... Y le suena la palabra recreo, y le suena celebrada, porque el recreo tenía por espacio la calle abierta, y, oh gloria, esa calle era en un camino labrado a modo de bancal en la falda del cerro donde estuvo el castillo, y desde ese camino que desnudaba los corrales y patios de las casas construidas más abajo, se divisaba la vega y, si llevaba crecida, se veía el río. Y se veía, no tan lejos, el perfil del pueblo vecino más cercano. Y se oía el pitido del tren, y aun el traqueteo al pasar sobre el puente, si el viento venía del norte. La palabra recreo sonaba bien, sí, pero al niño empezó a sonarle mucho mejor otra, una palabra que le había nacido al pie del oído, una tarde que el cura visitó la escuela:

—Mañana vamos a ir de jira al campo...

El día de la jira no había escuela, sólo jira. Pero fue siempre la mejor clase jamás recibida en el aula magna del campo, que si los pinares, que si la dehesa, que si la vega, que si la explanada junto a una ermita apartada, que si las laderas sobre la vega, entre las vías del tren y el río. Jira. Qué hermosa palabra, y qué escolar, qué niña, y qué familiar:

—Vamos a ir de jira y le llevamos aceite a la Virgen del Amparo…

Jira. Con las jiras, el niño fue descubriendo otro costado del campo, otro perfil de la naturaleza, otra luz, otra forma de vida. Con las jiras, el niño aprendió nombres de plantas, y vio cómo se apareaban los animales, y cómo paría una vaca, y una yegua; y, por primera vez, vio correr a un conejo entre las matas del pinar; y vio, en ese mismo pinar, el elegante paseo de una collera de pájaros perdices, y cómo, al acercarse con otros niños, las perdices levantaron aquel vuelo hermoso, corto y bajo que le dio al pinar un aire volantón y asustadizo. ¿Dónde están las jiras de los escolares de hoy? Quizá el niño esté cansado de piedras de catedrales y tecnología encerrada en una nave y muy falto de conocimientos de la naturaleza, un conejo que corre, un águila que vuela, una vaca que, recién parida, lame a su ternero o lo amamanta; o un habar, o frutales cargados de frutos, un caballo que trota o relincha, un burro que rebuzna, una cigüeña que crotora, una esparraguera con seis o siete espárragos, una laguna natural. Y el silencio del campo. El lujo de la sencillez del campo. Aquel niño de ayer cree que el niño de hoy está muy necesitado de aquellas jiras.

Juegos

Para Antonio Solís Martín

En cuanto la mañana ensayaba el Ángelus, los chiquillos tomaban la calle con una caña entre las piernas, a guisa de caballo, con pitos de caña —«córtala con mucho cuidado de no romper la tela»—, tambores de lata de mantequilla o de tomates en conserva de cualquier tienda, o bien colocando una vara en la llaga de los adoquines donde hubiera un charco de agua sucia, esperando a que se posaran los zapateros. Los pobres zapateros morían de la forma más cruel, tan cruel como es capaz de imaginar un niño cruel: les aplastaban la cabeza en un papel blanco para que, al abrirlo, las dos mitades resultaran un dibujo extraño, algo así como una lámina del test de Rorschach.

Juegos. Los chiquillos que no andaban en tareas de camarero, ayudando a su padre en alguna faena, o bien los niños que voluntariamente acudían a clases de verano para no olvidar lo aprendido en el curso anterior y aun adelantarse en las nuevas materias, esos niños, niños de la calle de entonces, sólo sabían jugar. De día y de noche. De día, a montar a caballo en las cañas con riendas —un lujo de caballería—, ir al campo a hurtar ciruelas o los primeros racimos de uva, jugar a la pelota donde menos se esperaba o, los más atrevidos, a buscar una alberca; si de amigos, fácil, si ajena, salvando la vigilancia del guarda o del dueño de la finca. Pero siempre jugando. La calle era un salón de juego. De muy tarde en tarde, un camión, una carreta, unas cabras, una canga de mulas o una piara de cochinos interrumpían el juego, pero de nuevo el niño volvía a su quehacer, dueño de la luz y de los espacios. Y en cuanto refrescaba, a los cerros a volar panderos, a coger azufaifas donde las hubiera, a beber en los pozos dulces. Y a seguir jugando, a subirse en los secaderos de tabaco o en cualquier sombrajo de alguna era donde ya lo hubiesen cosechado todo. A jugar. Por la noche, las calles eran una algarabía de niños jugando a los ladrones, a la ventana, a la *piola.* Y el pueblo se estremecía, se asombraba o se enfadaba, pero jamás tenía paz hasta que aquellos chavales decidían recogerse. Hoy es imposible el juego callejero, si no es en zona reservada a viandantes. La calle —un coche, otro, una moto, tres, un camión…— no permite el juego; la calle tiene un peligro sobre ruedas que ha matado, sin necesidad de atropellarla, a la infancia que necesita saltar, gritar, correr, jugar. Hay que estar con cien ojos, si dos niños deciden jugar, porque siempre hay una rueda que pasa, un ruido que advierte, una máquina que se impone. Los veranos son otros por muchas cosas, sí, pero sobre todo porque ya no tienen la vida de los niños jugando a todas horas en las calles.

Julio

A la memoria de Teodoro Trueba

Como pandero al que se le hubiese roto el hilo, julio vuela ya, perdido, hoja de almanaque mareada dentro de una tolvanera de las que vienen por la tarde por los llanos de la vega y levantan columnas de pasto. Julio, al que veíamos tan lejano hace unas semanas, ahora es un tiempo caducado, como me decías hace unos años, cuando hablábamos de lo relativo del tiempo, lo mire ya un niño, ya un viejo, «El tiempo corre tan rápido ahora, que dices julio y te contesta agosto.» Algo así como aquel reloj de la plaza que decíamos hace unos años, «...Tu campana qué poco me dolía / cuando el tiempo era mío en la temprana / edad, y cuando el alma fue ventana / del amor que ora entraba, ora salía...» Era el mismo reloj que a los hombres les parecía que se comía horas, porque a aquellos hombres se les había ido en nada la noche, y a nosotros, los niños, una noche de aquella nos sabía a un verano.

Mira cómo se va julio, este es su último vagón de luz, este vagón del día que ahora pasa por delante de nosotros, el mismo que tardará un año en pasar de nuevo, en otro julio que parecerá el mismo, aunque no lo sea. Cuando por la vía ancha del verano pase esta noche el silencioso

—y oscuro— vagón de este tren de julio, estarás viéndole ya la cara al tren de agosto, otros treinta y un vagones del verano que ahora crees que tardan y apenas te irás dando cuenta de cómo pasan, con cuánta rapidez, aunque lleven la misma velocidad que los agostos que veías pasar desde el andén de tu niñez, de tu adolescencia y aun de tu juventud. Pasará rápido ese tren, como rápido pasará, con un olor a vendimia y verdeo, el tren de septiembre. Todos estos trenes pasarán —crecrás que pasan— como las manillas de aquel reloj de la plaza al que le decías: «...Riendas en las manillas no permites, / y por si fuera poco, no repites / más que las horas de los desengaños.» Se va julio, y agosto se habrá ido y habrá llegado septiembre una noche que ya el helado te sepa frío y en los hombros lamentes un olvido lanar que tratarás de remediar con masaje de las manos, cuando la brisa de la medianoche te recuerde que es de lino el pantalón o de un textil indefenso la camisa. Se va julio. En la niñez, julio —y casi todo el verano— se te iba en la primera consciencia de que las noches eran mucho más cortas y el patio del cine de verano empezaba a pedir más cubierta de tejas que de estrellas. Se va julio, va yéndose. Pandero que, otra vez, perdió los cielos del verano, porque se le ha roto el hilo. Y tú con la mitad del hilo en la mano, sin pandero, viendo impotente cómo julio se pierde, se te pierde...

Justo

A Maite

Mi frecuencia amistosa con él empieza, más o menos, cuando empezó la de los hermanos Mora Colchero, en cuya Casa Mágica nos encontrábamos casi a diario en tertulias y reuniones impagables. Aquella casa que era la más concurrida y animada del pueblo, sin necesidad de televisión, radio o periódico. Bastaba el elevado genio —en el sentido más artista de la palabra— de los dos hermanos para que una velada allí se convirtiera en el más hermoso viaje a nunca sabíamos qué lugares, qué escenas de la historia, qué invenciones. Entrar en aquella casa era subir a una nave interplanetaria cuyo destino nadie —ni los mismos que la pilotaban— podía intuir. Y en muchos de esos viajes, en muchos, la compañía de Justo —Justo Navarro Fuentes— fue uno de los mayores alicientes para no desear la vuelta a la *tierra*.

Justo tenía palabra, prodigiosa —y a veces disparatada— memoria, gracia. Era un narrador que adobaba sus historias con morcillas de ingenio, añadidos que le daban a su narración un sabor único. Es un personaje que da para un libro, y no es frase tópica. Trabajador incansable, hombre alejado de todos los vicios, nunca lo vi dominado más que por la palabra, la curiosidad y las ansias de saber, de descubrir, de ir más allá en las cosas. Es una pena que no tuviera una mediana base de estudios —ni pudiera labrársela en su madurez, por la carga familiar— que le habría permitido logros impensables. Fabulaba, es cierto; y cierto es que, con tal de enriquecer sus relatos (en eso se le notaba el parentesco con Ignacio Mora), recurriera a la exageración y aun a la invención. Pero daba gloria pasar un rato con él. Yo lo traté muchísimo, en coro en la citada casa y a solas en los muchos días de consulta, ya en su bar, ya en su casa, ya en conversaciones en encuentros al paso, ya en viajes, ya en caminatas, ya en aventuras de descubrimientos de riquezas locales, por los que sentía devoción. Él, que era un hombre abierto a conocimientos universales, tenía su mundo más querido en todo lo concerniente a Aznalcázar, su pueblo y el mío.

Hicimos viaje —él, Ramón, Diego y yo— para conocer el nacimiento del Guadiamar; en el verano del noventa y cinco, él, Ramón González y yo recorrimos gran parte del cauce seco del Guadiamar, que no sólo El *Vao* se seca, y guardamos de aquellos dos viajes frases, palabras y anécdotas únicas, todo ello gracias al ingenio, la gracia, las comparaciones y, en fin, el *estilo Justo* que tanto nos atraía a los amigos. En el referido paseo por el seco cauce del Guadiamar, Ramón tenía sesenta y ocho años; Justo, sesenta y uno. Ya soy mayor que eran ellos entonces. Un verano estuvimos los dos saliendo a andar, diariamente, a las siete de la mañana con vuelta al mediodía, después de habernos andado ocho o nueve kilómetros, y no siempre por caminos llanos, que a veces atravesamos olivares labrados que pesaban como el peor arenal. Me dijo un día que esas caminatas lo habían llevado al infarto que sufrió. No me extraña. Hace ya tantos años de aquello... Qué miedo del tiempo...

Justo publicó varios libros, todos con interesantísimas aportaciones a la cultura local. Sabedor de que era el último superviviente de *la saga de la memoria*, ofrecía sus conocimientos a todo el mundo, generosamente. Lo recuerdo en su mesa de trabajo, semienterrado en libros, carpetas, apuntes, revistas, fotografías, páginas de periódicos... Murió ayer tarde, y con él se me va —se nos va a muchos— el último gran personaje de una Aznalcázar que, como su fortaleza medieval, apenas mantiene en pie algunos aislados paños de muralla y los restos del supuesto puente romano. Descanse en paz el querido Justo Navarro, Justito. Tuvo fuerzas para sobrevivir a la muerte de sus padres, a la de sus cuatro hermanos, a la de su mujer y, la más dura, a la de sus dos hijos varones. Pero ni tanto dolor pudo con él. A pesar de todo, aún tenía fuerzas para emocionarse con un descubrimiento local, un dato en la historia, un detalle de cualquier personaje... Si pudiera, le construiría un panteón labrado con libros, carpetas, revistas, apuntes, fotografías antiguas y páginas de periódicos. Ese sería su más deseado paraíso. Te echaremos muchísimo de menos, querido Justo.

Ahora, si fuésemos lo que habría que ser, tendríamos que ir buscando una calle donde escribir tu nombre...

La fresca

A Pedro José García

En el reloj de la costumbre, era una hora sin reloj. Ni las siete ni las ocho, ni las ocho ni las nueve: con la fresca: «Te espero mañana por mi casa, con la fresca...» Como si la fresca fuera una persona, una compañía indispensable para una visita en este tiempo. La fresca era la fresca en la era, y era la fresca en la plaza, y era la fresca en los patios. La fresca. Su nombre nos acarrea, desde la parte del mar, la silueta agradable de una brisa a la que jamás podrá aspirar el aire acondicionado. Ni el ventilador ni el agua enfriada en la cubeta del pozo; ni la sombra de la parra ni la más honda alcoba: la fresca. Sin metro que la contuviera. Ni una hora en el reloj, ni un peso en el aire, ni un termómetro capaz de calcularla. La fresca.

En estas tribus siempre hubo oasis, unos naturales y otros construidos por la mano del hombre, cuando el verano diseñaba su particular desierto donde al andar se quemaban los pies los carbones encendidos. Como ahora, pero de otra manera, con otras ventajas y también con algunos flancos menos protegidos. Las paredes de las casas eran muros de tierra o de tres pies de ladrillos; eran más altos los techos y había muchas viviendas con altillo para el grano, como trastero o como entreplanta habitada. No había, como hay hoy, un coche aparcado a cada puerta, ni tanto material donde el sol se queda y aun se multiplica. No es lo mismo un patio terrizo que un patio de losas; ni es lo mismo la madera que el aluminio, ni las cortinas de lona o de esparto que las de plástico. No había piedra de hielo que lanzarle al calor, pero había mucho campo y ninguna urbanización. Y en la noche de la tribu, otros oasis, desde el patio recién regado, con árboles y puerta que dejaba entrar el aire que viniera del campo, y por tener, privilegio de todos los oasis urbanos, la tribu tenía un cine de verano, tapiado oasis, como aquel patio, molde de tu infancia, «caja de luz sin tapadera». El cine de verano, como tu patio, tenía cuarenta y dos estrellas y una luna, o sesenta estrellas, o incontables, y sonidos que, banda sonora de la noche, se hermanaban con los de la película. Mágico oasis, oscura fantasía que entre un dental sonido de pipas quebrándose abría en la pantalla una ventana que lo mismo daba a un poblado del Oeste que a una Roma de Nerón y gladiadores. Los cines de verano son, en la memoria, la rama de la noche donde se posaba, indefectiblemente, el pájaro de la marea, sí. Pero ya la fresca había revoloteado por las calles y los patios de la tribu y, en una misericordiosa cetrería, nos había dejado en el perfil las alas de un frescor inigualable.

La lista

A mis quintos

Se hacía un silencio enorme entre las dos veces que el maestro pronunciaba el nombre del alumno que no había ido ese día al colegio; un silencio que dolía; a los chiquillos, alineados a la entrada del colegio como si fuésemos soldados, nos preocupaba aquel vacío, un vacío que, si el alumno no justificaba con una nota del padre o un parte médico oral de la madre, costaría varias planas de castigo y varios recreos sin salir del aula. El maestro pasaba lista con una seriedad de oficial que pasa revista a una tropa:

—Fulano…

—¡Presente!

Alguna vez faltó alguien, pero eran faltas transitorias, de un día, de tres, de una semana.

La lista continuaba en el juego:

—¿Y Fulano, no viene hoy?

—No, está con calentura.

Pero venía al día siguiente, y el día que vino se completó el equipo de fútbol que iba a jugar un partido contra un equipo de otro barrio. La lista seguía más allá del juego, y cualquier día alguien hacía la misma pregunta: «*Quillo,* ¿y Fulano, que hace unos cuantos días que no lo veo?» Fulano había ido a pasar unos días con algún familiar, lejos del pueblo. Pero volvía a los pocos días. Nadie faltó a la lista la noche aquella de la quinta, más de treinta muchachos que llevaban toda su vida unidos, por el juego, por la escuela, por el trabajo, por la vecindad... Otro día, alguien pasó lista en el paseo:

—¿Y Fulano?

—Fulano está en Badajoz, que le ha tocado Aviación. Se fue antier.

Ya no había que pasar lista con su nombre, porque era mella temporal y sabida. Eso mismo, quizá, preguntarían algunos en el paseo la noche que me fui con mi familia a vivir fuera de allí. En las tribus, una ausencia se nota siempre, en un tajo, en la calle, en la taberna, en el paseo, en una fiesta, en el diario. Un día, sin que haya voz de maestro ni de amigo que pronuncie un nombre dos veces, se hace un vacío en la lista del aire donde están escritos todos nuestros nombres. Es el vacío quien toma el turno: «Fulano ha muerto...» A lo peor es alguien cercano a nosotros desde que nacimos, o al menos formaba parte del paisaje infantil por donde nos movíamos, y surge la referencia: «¿Fulano? Ese estaba conmigo en la escuela...» Y si no en la escuela, trabajó con nosotros, o jugaba con nosotros a la pelota, o pasaba todos los días por nuestra calle camino del trabajo. De aquella quinta de más de treinta, ya se han ido varios. Y se va parte de la infancia, de la adolescencia, de la juventud; de la escuela y del juego, del paseo, del trabajo... Y un terrible silencio tiembla cerca de nosotros, porque sabemos que ese vacío ha sido en la lista del almanaque donde estamos nosotros...

La palabra

A Diego Fuentes Sánchez

La palabra. Podrías echar de menos cuando arribaban los niños a la plaza y convertían en un alborotado gallinero humano aquel espacio donde se colocaba, como oasis de caprichos, Isidoro, el quiosquero, aguantando con paciencia de maestro a la chiquillería que entre polos de nieve chillaba como chillaban los gorriones en las buganvillas del atardecer. Podrías echar de menos el paseo, aquella primera cercanía del amor y de los géneros. O los guateques; o la película en el cine de verano. Podrías echar de menos los juegos de corro que las niñas improvisaban, cogidas de la mano, como relojes que sólo marcaban las horas tempranas de la edad. Podrías echar de menos el paso de tu padre camino de casa, o los malecones —los muros— de las delanteras de algunas casas, como plateas donde se sentaban al fresco los vecinos. Podrías echar de menos el olor de la dama de noche de la verja de la capilla del Señor; o el olor de las tres o cuatro niñas ricas del paseo, aquel olor que nunca pudiste distinguir entre todas las aguas de baño que has conocido, quizá porque el olor estaba más en la piel de sus quince años que en el frasco.

Se te viene julio y hay zaguanes en tu memoria que huelen a tomates y a brevas, y a ciruelas. Pero no es eso lo que más echas de menos. Ni es aquella pajarería sujeta de las mujeres abanicándose; ni siquiera los cohetes que ya anunciaban el día de Santiago. No. Es la palabra. La palabra de poyete o patio, banco nocturno, paseo por las afueras, o, al paso, las torpes palabras de adolescente que se creía Cristian y Cyrano en una sola persona, y a la niña le iban otros aires o quizá esperaba, como dijiste una vez, «una voz más antigua que la mía.» La palabra. Julio era para ti, por encima de todo, incluso por encima del río y las albercas, palabra. La palabra. La palabra que, ahora, recordada, es la fruta más apetitosa del verano. Puedes pasar sin un corte de helado, sin un Tres Carabelas que le diera a tu cercanía un postizo olor a hombre, sin el brazo con brazo de la niña en el cine, sin cotufas, sin garbanzos tostados, sin pipas. Pero no sin palabras. Cuanto mayor eres, eres más aquellas palabras por las que fuiste aprendiendo en los demás a narrar, a usar el tono adecuado, a saber cuándo era oportuno usarlas —siempre sin palabrotas ni mucho menos blasfemias— en la intimidad de un poyete, un banco, un paseo mirando estrellas y oyendo historias que siempre llevaron dentro el miedo, el susto, envuelto todo en la más asombrosa imaginación. Ahora, julio te lo rompen los ruidos, las voces, las máquinas, la música —es un decir—, como un escándalo. Y buscas desesperadamente la palabra, aquella palabra que —paradojas— también te hizo amar el silencio.

Los de entonces

A José Manuel Bolaños González

Eran días de tempranos amaneceres y de mañanas largas, de dura jornada en el campo o de disfrute de vacaciones, según el chaval; de ir al casino a jugarse un *pierdepaga* al billar, o un futbolín y, como quien acelera violentamente una moto, medio destrozar jugadores de plomos; de ver pasar el tiempo sentados en un malecón a la sombra, o de enfilar las sendas que bajaban al río, aquel lujo contra el calor; y horas espesas, sordas y lentas, esperando a que pasara la siesta que, tras la marea, diera a la primera luz del paseo, aquel paseo por el que caminábamos a ver si veíamos a la niña que nos encandilaba. Sobretardes de quiosco y garbancitos tostados, de la mitad de un corte de helado —perfecto triángulo del deseo cremoso— o de un polo de nieve que te afeminara el color de la boca. Eran noches de cine o de banco de la plaza, de poyete o de guateque en alguna azotea, algún patio, allí donde el amor —o lo que creíamos amor— tenía nervios de punteo de guitarra y un azucarado sabor a Mirinda. Es posible que la otra noche, bailando, estuvieras con Lola, o que un trago de Casera caliente te supiera a sorbito de champán, o aprendieras, por Los Bravos, que, en inglés, negro se dice *black*.

Has venido a pasar unos días de vacaciones a tu lugar de nacencia, donde tienes tu adolescencia escrita con puntos suspensivos y tu juventud con distantes puntos y aparte; has venido desde muy lejos a pasar un día, «a echar el día y volverme a la noche», porque ya es de otro la casa de tus padres, que ya no viven, y no están o no te reconocen amigos de hace medio siglo. Y, muy desanimado, me dices: «Hay que ver lo que ha cambiado todo: no está el quiosco en la plaza; los casinos se han transformado y, como escapados de una canción de Sabina, uno es un banco, otro un edificio oficial, otro un almacén… No hay puestos de frutas y verduras en los zaguanes. No hay paseo y en su lugar pasan motos y coches. Nadie se baña en el río. No hay forma de comprar un corte de helado, ni hay nadie donde aquella mujer vendía altramuces, higos chumbos y agua fresca… Las niñas de entonces son ahora abuelas, muchas de ellas muy descuidadas…» Hablas como si te hubieses conservado chaval y hubieses ido viendo los cambios de todos y de todo. Y no te vieras a ti, como si tú te hubieses mantenido embalsamado en el aire. Es una pena, amigo, que nunca leyeras a Neruda: «Puedo escribir los versos más tristes esta noche… Como para acercarla mi mirada la busca. / Mi corazón la busca, y ella no está conmigo. / La misma noche que hace blanquear los mismos árboles. / Nosotros, los de entonces, ya no somos los mismos.»

Los *pinales*

A Manuel Rubio Sánchez

Si hay una voz en la tribu que tiene cálido asiento en mi boca, por suave sonoridad, por el cariño que la acentúa, por la fuerza que tiene en la palabra de los hombres que trabajaron allí, es la voz *pinales*. Nunca decían los pinares, sino los *pinales*. Decir los *pinales* hace más propio el bosque de pinos, lo acerca a la sangre, a la historia, al patrimonio del alma. Qué bien suena *pinales*: «Vamos a ir a pasar el día a los *pinales*», «Estoy trabajando en los *pinales*», «Vienen de los *pinales* de coger gurumelos», «Dicen que se le hizo de noche en los *pinales* y se enajenó…»

Cuando en la tribu decimos los *pinales* nos referimos a algo nuestro, a algo que lleva ahí toda la vida, en la palabra de los nuestros, en la memoria, en la solución a mucho pan y a la belleza de un paisaje que a los nativos quizá nos haya marcado más que los demás paisajes que tiene el término, a cuál más hermoso. Si acaso, en cercana competencia de belleza con los pinares esté el río, pero el río que fue, no el que ahora pasa. La memoria de aquel río que en verano era la playa dulce de todos, tiene mucha fuerza, pero ya no es. Y el pinar sigue ahí, tan inmenso, tan misterioso, tan rico: olor, sabor, muestrario de luces, piñas, flora y fauna;

que si conejos, que si zorros, que si romero, que si jara… El pinar siempre fue pan de madera, los troncos gordos que iban para la maderería que viajaba en tren o moría en la dentada guillotina vertical de los aserraderos, y de aprovechamiento del carboneo y de los cisqueros, y de chamiza para los hornos. Y más pan, cuando había que rozarlo y se veían entre los pinos frentes de cuarenta o sesenta hombres que, azada en mano, dejaban tras de sí una labor de primorosa barbería *pinarera*. Y cuando desde el otoño a las veras de la primavera necesitábamos, sobre todo en los días festivos, un sitio en el que ser inmensamente felices abrazados a la naturaleza, un sitio de belleza continuamente retocada por la magia de la luz, siempre la puerta que daba al pinar:

—Vámonos a pasar el domingo a los *pinales*…

Sí, vámonos. Antes de que vengan quienes no saben andarlo y lo pisotean, quienes se creen que la Mano hizo todo esto para disfrute de la suela dura de su torpe pie; quienes se creen que basta con uniformarse para ejercer el derecho de pernada con la flor virgen, con la rama virgen, con el virgen olor del pinar. Vámonos, sí, a lo que el tiempo hizo nuestro y siempre compartimos con quienes supieron respetarlo. Y si el pinar lo necesitara, coloquemos vallas o puertas. Lo que haga falta, antes que perder este paraíso. Ay, los *pinales*…

Luces

Para Antonio García Salado

Una luz de uva fría tiene el amanecer; y una luz de albérchigo con prisas, la tarde que se va antes de que podamos verla, medio desnuda, camino de su sueño. Las luces que ahora nos rodean son cambiantes, no por ellas, sino por las ropas que el último verano o los amagos del primer otoño pueden echarles por cima, a modo de toquilla más de cumplido que de abrigo. La memoria tiene luces con tantos matices como caja de cromos de chiquilla antigua. Hoy, sin saber bien por qué, se te ha venido a la casa la luz mañanera que traía las manos llenas de higos chumbos pelados; y sabes que otro día la luz te dejará un puñado de aceitunas manzanillas que te acarrearán las manos aceituneras de tu padre; y sabes que otro día, cuando menos lo esperes, al volver la esquina de una tristeza sin nombre, te darás de cara con una luz de adioses que subía al autobús —al camión de viajeros— sin saber que había metido tu corazón en su equipaje…

Luces de finales de agosto. Hay una luz de canción melódica, a cuatro voces, que imponía jazmines en todos los patios y convertía en suave la luz de todos los rincones, donde los latidos eran relojes de amor con toda la cuerda dada, que marcaban siempre la misma hora, la de la emoción, y te empeñabas en que la Fanta de naranja supiera a champán, aquella encerrada pirotecnia en la fiesta del mar del cava que no conocías. Luces. Luces dulces de helados tricolor que ya empezaban a saber fríos, de los polos de nieve que tintaban lenguas, que si rojas, que si amarillas, que si verdes... Una triste luz de última película de temporada de cine de verano era la que llevaba, como cola de pandero, la cartelera en borriquete que portaban dos chiquillos con los fotogramas del último tiro, del último puñetazo, de la última escena de amor o del último romano... El frescor que saltaba las tapias como silencioso ladrón de corrales avisaba del otoño en los hombros desnudos de las muchachas y ponía una súbita luz de temprana mesa camilla y un cercano olor de moniatos que les robaban el calor a los hornos... Una luz de lagares y de verdeo, una luz que era ya linterna de acomodador señalando el cine de invierno, abriendo roperos de rebecas y diciéndoles a los libros que aprendieran el camino de la escuela. Luces de finales de agosto, cuánto oro encerrado, viejo y cansado, caliente todavía como techo de lata de los viejos cuartos del verano, pero aprendiendo a distinguir la quemazón del mediodía del repeluco del amanecer y del ensayo de otoño que empujaba *tapaluces* y movía los visillos... Luces que iban apagándose, como ahora, en la mano de la tarde que retrata los álamos del río...

Luto de pólvora

A los coheteros de mi memoria

El Camino de las Cárcavas baja hasta las veras del Guadiamar, pero, antes, la tierra levanta la vista para ver en la vega el asombro del paisaje. Y antes de que el camino deje de ser calle que fue de las afueras, el cementerio es ese aviso cercano de la muerte. Por ahí se va a las pirotecnias, por ahí fui una vez de calor septembrino y recuerdo el miedo de saberme vecino de un polvorín que, de levantarse con todas sus fuerzas, hubiera sido la erupción de un volcán iracundo que, de súbito, hubiese diseñado una diurna noche de muerte. Conocí a Morales, el hombre que completaba las noches festivas de muchos sitios, y me hablaba de la pólvora y de su oficio con la misma naturalidad y el mismo mimo con que una costurera hablaría de sus bordados.

No fabricaban cohetes, fabricaban sauces de luz, lluvias de estrellas fugaces, palmeras de fuego, luceros traviesos y efímeros, doradas y plateadas Vías Lácteas, constelaciones sonoras, mientras los ojos de todas las gentes contemplaban el espectáculo como quien asiste a una aljarafeña versión del Génesis, que cuando la tradición de los pueblos exigía noche festiva, su mano, de pronto, ordenaba que se hiciera un firmamento iluminado, único, creación de una astronomía artesana que tenía su origen en un cuarto a las afueras del pueblo, a la derecha del Camino de las Cárcavas, según se baja, en Benacazón, el pueblo que mejor pregonó nunca, que los benacazoneros llevan dentro una voz pregonera, por si acaso. Sin pinares, los mejores piñoneros; y gente de las huertas y los borricos con serones cargados de frutas, de aceitunas aliñadas, y si de piñones tostados, esportilla olorosa que se hacía gloria de capricho allí donde llegaba. Gente alegre al pie del tamboril rociero, Benacazón de festivas Nieves de agosto, andaba ahora de Cruz de Mayo y se ha hecho toda ella una cruz, toda ella un luto de pólvora, toda ella un Apocalipsis local que tiembla, huérfano en algún costado, al ver que el firmamento que le daba el pan se le ha venido encima y le ha dejado una firma de muerte cerca del cementerio. Las noches festivas del lugar serán ya otras. En ese más allá del cielo que nos fabricaron los coheteros de Benacazón estarán ellos, los muertos, rectificando palmeras de oro, sauces de luz, llantos de estrellas. Les debemos el cielo que nos dejaron, más cercano y más hermoso. Descansen en paz en sus propias estrellas fantásticas.

Lutos

Para aquellos monaguillos de cirial y manguilla

Daba pena ver a las chiquillas camino del colegio, enlutadas de arriba abajo. Daba pena ver a los hombres del campo, camisa negra, gorra negra, y en la chaqueta, un brazalete negro. Por todas partes, el negror, lo negro. Daba pena ver a las muchachas en edad de novio —incluso con su novio—, vestidas de negro hasta la barbilla; medias, falda, rebeca... Daba pena ver a las mujeres mayores, envejecidas de negro con aquellos pañuelos por la cabeza y anudados en barboquejo o mordidos con la dentellada de la pena. Daba pena ver algunas casas con ventanas cerradas, y por dentro, luces tapadas; y en la cocina, jamás un extraordinario de dulce o de postre especial. Y a llorar, y a no soltarse durante varios años de aquella negrura a veces más duradera que la pena.

La muerte no acababa en los gritos de la casa cuando llegaba el cura con el sacristán y los monaguillos; no acababa cuando se llevaban *la caja* entre cantos fúnebres que lloraban en latín. La muerte no acababa en la larga fila del pésame, aquel territorio que fuera de la casa era sólo de hombres. La muerte no acababa, parecía no acabar nunca. Los chiquillos vimos a más de una mujer, y a más de veinte, vestirse de negro y de negro morir, como si hubiesen pasado de una muerte a otra. Era otra la muerte entonces, ni con más penas ni con más verdad, pero la cultura del luto imponía unos rituales, unas costumbres que nadie osaba romper, que llenaban de muerte toda la tribu. Por la calle se sabía quién llevaba años guardando luto, que la ropa despintaba con soles y lavados; y se sabía, por las gorras nuevas, los vestidos recién teñidos o las medias brillantes, que aquel hombre, aquella mujer o aquella familia habían sufrido una muerte que, en el grado de luto, se veía si era la de una persona mayor, de un hijo joven, de una hermana... Un día, allá por los ochenta, la gente del lugar empezó a alejarse del luto del negror, se perdieron gorras, velos, vestidos, medias y brazaletes y cada uno fue con su pena, mayor o menor, por la vida. La pena no la asegura el negror, ni apagar la radio o la televisión, ni dejar de elaborar dulces en Navidad, ni dejar de cantar. Hay por ahí una letra de soleá que dice que el luto de verdad se lleva en el corazón, «no en el color del *vestío.*» Antes que un uniforme para la pena real o fingida, es preferible la pena de cada uno, larga, corta o para toda la vida, con colores sobre las carnes. Dicen que hoy no hay respeto a los muertos, que nadie se viste de negro. Era peor aquella falta de respeto —y de caridad— con chiquillos y muchachas a los que envolvían en negror, aunque ya por dentro no llevaran ni la mínima pena.

Luz madura

A Paco Gallardo

Y vuelves a subir desde la vega haces de eneas, juncias de la orilla, que el río se mantiene, entre otras cosas, para servirte esa mañana pura como alfombra del paso por las calles del Dios que nadie ve, que todos sienten. Y vuelves a subir, olor tan solo, desde el manchón, que el aire necesita sentir que ya el poleo está pidiendo sitio entre los olores del verano, ese verano que camina lento, huellas de sol en cada paso quedo, andar de noche corta y cielo claro. Y vuelves a venir de los trigales, apretado en espigas, hecho trenzas de pan que todavía no conoce la piedra del molino, que precisa mirarse en los espejos mañaneros donde verse el perfil de grano duro. Y vuelves a venir de los viñedos, niñez de uvas que adelantan paso para estar a la hora en que la Mano las precise en los cálices dorados: que sepa a vino Dios, que sepa a trigo, que llama por el aire la inmediata presencia de una luz de eucaristía.

Y vuelves a venir de los armarios donde duermen las colchas que ese día serán sudario en vela en los balcones. Y vuelves a venir desde los patios, te asomas nuevamente en las macetas que dejaron su flor para este día. La flor, aquella flor, la flor que quiere adornarte el minuto de tu paso.

Todo es calle ese día; todo, abierta devoción de los hombres, de las cosas. Y Tú, ¿cómo nos miras desde esa iluminada estancia donde cuentas por años tus encuentros con la gente, tu presencia sin carne por el aire donde todo es, empero, tu presencia? Y vuelves a venir en los chiquillos que ya fueron a Ti, blancor primero, a invitarte a pasar, a sostenerte en la idea divina que heredaron. Todo vuelve a venir, sigue viniendo con ese paso lento que las luces del día llevan siempre por tus veras, cuando se trata de contar contigo un almanaque que en el alma tiene marcado en oro el jueves de tu encuentro. Todo vuelve a venir, todo te espera; todo celebra ya, sin pronunciarlo, lo que sabe que el jueves será todo alrededor de Dios, alrededores de razón metafórica y divina de aquella última cena con los tuyos. Todo vuelve a venir. Mira el celeste con remates de sol que se coloca este mundo local que ya te siente tan suyo como el aire que respira. Mira cómo se visten y se adornan los sitios de tu paso… Mira, mira… ¿Ha bordado tu Mano en el celeste los pájaros que vuelan y parecen celebrar —será así— la exacta hora del vino, el pan, tu sangre, tu alimento? Luz madura de mayo te rodea, te viste, te reclama, se arrodilla. Siglos y siglos vienen revestidos de una luz que será distinta siempre. Y vienen con olor y resplandores a pronunciar tu nombre con el Corpus.

Marinero

A la memoria de Juanito Angelita

No conocías más mares que los mares dulces de alguna alberca y algún pilón, y te vistieron de marinero en aquel mayo caluroso, pantalones largos, camisa y chaqueta, y lazo al cuello, calcetines y zapatos, y guantes, así, tú, que siempre en aquella fecha eras feliz con una camisilla y unos pantalones cortos. Y te vistieron de marinero, con lo lejos que le quedaba a tu vida el mar, con lo poco que tú sabías de barcos que no fueran aquellos trozos de palo que echabas con tus amigos en las cunetas, cuando corría el agua de lluvia. Y te vistieron de marinero. Fuiste a tu primera comunión como a una aventura marina para la que no tenías más que el uniforme. Dios era una isla no hollada por ti, y tuviste que hacer una instrucción de catecismo, confesión y ayuna, como si en vez de recibir a Dios fueran a operarte de apendicitis la conciencia.

Más que de aquella mañana de hambre de doce horas sin tomar ni agua, mañana que se te hizo milagrosa y divina cuando a eso de las once fuiste al convite de Acción Católica donde servían chocolate en taza, bollitos de leche y pasteles, recuerdas el paseo en la procesión del Corpus. Mañana dura, pero ya sin ayuna; mañana donde el sol te calentaba el traje por las calles donde la sombra no tapaba, y tú buscabas a Dios en la memoria de los cántaros de agua fresca, en los cubos de los pozos hondos y dulces a los que iba, sudando, tu juego en libertad. Te preguntabas por Dios a cada paso. Esa mañana aún te quedaban estampitas del día de tu primera comunión y te echaste diez o doce en el bolsillo, por si alguien te preguntaba si tenías, y se la darías esperando la voluntad, como paga de santa soldadesca. Sólo por ahí te cuadraba la marinería textil que te pusieron, y, si acaso, por las fotos que te harían más tarde, como si volvieras de jurar bandera con Dios. La inocencia de tus siete años era un naufragio en la mañana sin mar ni barco, marinero perdido entre las costas de la penitencia y los acantilados de los pecados que todavía no eran, aunque tuvieras que pagar por ellos, de rodillas, como si antes de comulgar a Dios lo hubieras crucificado.

Hoy, cuando ves a los niños de primera comunión, te preguntas si a ellos les han hablado de un Dios más cercano, menos exigente con la infancia; un Dios que no da preferencias —como hacían entonces— a los que van mejor vestidos, que tras la marinería iban los niños con ropa del Ropero de Santa Rita, pantalón corto, azul, y camisa blanca. Y piensas, al ver a los marineritos, en cuánto oleaje les queda todavía hasta llegar a las playas donde les esperan nuevas preguntas.

Medida de bares

A Mariano Mallén

Te acordarás, Cangui, de cuando cuatro bares —a los de café les decíamos casinos— le dieron forma al centro de la tribu. Cuatro bares: dos que tenían tres cuartos de taberna y dos que destacaban por su clientela más distinguida. Dos de ellos olían especialmente a café, aunque a veces el café tenía que abrirse paso entre los restos agrios que el vino y algunos licores habían dejado en el aire, mezclados con el humo del tabaco. En uno de ellos había trastienda de tahúres que manejaban los naipes como auténticos magos; en otro, dos mesas de billar, y en una de ellas, en la mejor de las dos, los chavales mirábamos la precisión geométrica de los delineantes de carambolas, aquella elegante rodada de las bolas sobre el plano tapete verde que tenía esquinas donde, bien tocadas con efecto, las jugadas parecían mágicas, y el choque entre las bolas, si se reunían, un leve brindis de osario esférico. Otro de los casinos ofrecía un par de mesas de futbolines, la bruta espalda del billar, bolazos inmisericordes y gritos. Calco, cada mesa, de la elegancia del billar y de la violencia del fútbol.

Cuatro bares o casinos, Cangui. Tres televisores que los días de corridas de toros televisadas exigían pago o consumición, como para ver series nocturnas o aquellos espectáculos de *Galas del sábado* o *Amigos del lunes*. Cuatro establecimientos ejercían una fuerza centrípeta que podía con todo, y mucho más los días festivos. El centro era un velador con cuatro sillas de tijeras, unas sillas de eneas a la puerta, un olor a café, una cerveza con buena tapa, un refresco bien frío, unos cortadillos de cidra o unas tortas de Inés Rosales. Cerraban los bares y la tribu perdía su centro. Cuando cerraron los cuatro, o flaqueó el negocio y ya la gente no iba tanto, el centro se instaló allí donde algunos empresarios supieron abrir negocio de bar, ya con pulso de a ver quién pone las mejores tapas, que si anchoas y banderillas, que si pescado frito y ensaladilla, que si guisos caseros. Coincidió, además, con la alegría de ver —¡por fin!— a las mujeres en los bares, acompañadas de su novio o de su marido o en grupo de amigas. Y ahí terminó de hacerse el centro. Ocurrió en la tribu y ocurre en todas partes, Cangui. La fuerza centrípeta de un bar sigue mandando, dé buenos desayunos, buenas tapitas al mediodía o buen servicio de veladores por la noche. Mandan los bares. Ni bancos, ni edificios oficiales, ni malecones para el fresco, ni el centro geográfico. Hoy, como ayer, seguimos obedientes al último grito en bar. En esto, nada ha cambiado; sigue encantándonos la vida como en la copla: de mostrador en mostrador.

Mirando espejos

A Juanjo Vélez Otero

Se me amontona el tiempo en los espejos de luz donde ahora intento ver los días que perdí por el roto del bolsillo de una infancia que cosechaba asombros. Se me amontona el tiempo. ¿Dónde habitan los sueños que en el álbum amarillo de la edad cumplen penas, cumplen risas, cumplen luces doradas, luces rotas y luces que iluminan esos cerros por donde sube Dios algunas veces a mirar si está todo como antes? Duro azogue de espejos tan lejanos; azogue que se abre, se cuartea, como tierra arcillosa de sequía. Azogue roto por el que se han ido imágenes diarias de aquel tiempo donde las tardes todas se alargaban hasta durar lo que duraba un año.

Se me amontona el tiempo en los espejos. Busco mi luz por esas luces idas; me busco a mí por ese lento olvido que me va enajenando, que no dice mi nombre cuando quiero pronunciarme en las cosas queridas que se han ido. Me asomo a los espejos, llamo y llamo a voces a mi voz de niño. Y nadie me responde con nada al otro lado, allá lejos, al fondo de los días por donde debo de seguir jugando. Esta mañana pura que despierta con cien alas de pájaros de oro; esta mañana vieja que renueva el esplendor aquel de su principio; esta mañana que es gloriosa espiga que nace ya granada, que se mece en el aire que estrena colchas viejas en los viejos balcones junto a nidos de vencejos que escriben a dos plumas el evangelio azul del mediodía... Esta mañana nueva y tan anciana que se renueva al verse en los metales de la vieja custodia donde anida un sol de veinte siglos, coronado... Esta mañana íntima y serena que se queda entre dos luces del tiempo —primavera madura, ya cuajada, y vivos de verano en las hombreras—; esta mañana que ve venir chiquillos con paladar de hostia, con saliva de vino que es aquella misma sangre que goteaba lenta en el calvario donde la cruz proyecta larga sombra bajo la que se amparan los cristianos... Esta mañana donde el sol se rompe en el charol de aristas que perfilan una callada autoridad de gala... Esta mañana que ahora se me abre con un Dios que se ha hecho de nosotros en esa cercanía de custodia —basílica de plata repujada—, en esa cercanía que se viste de fiesta y de campanas y de música... Ese Dios que le ha dicho al campo «¡Vente!», y el campo se ha venido en los racimos agraces de la viña que Dios guarda, en espigas cuajadas de trigales que ya sienten temblores en la caña por esa media luna de las hoces... Y Dios llamó al romero, y a la juncia... Pero a mí, sin querer, se me amontona el tiempo en los espejos que me miro. ¿Dónde mi edad mejor, en qué recodo de esos espejos viejos que me cercan está el asombro aquel, la fecha exacta de aquel primer intento de ser tiempo retenido en la clara cartulina —sepia ya por el viento de los años— del primer paisaje donde un niño soñaba con vivir eternamente en ese Corpus que ahora está pasando...?

Muerte líquida

A Fuentes. Y a Raúl

Tres días antes habíamos paseado en barca por aquel Guadiamar sereno, y habíamos disfrutado del silencio del agua y de la vida alada de la ribera, que si aleteo de polluelas, que si vuelos rápidos de pajarillos; y habíamos visto cómo, desde la orilla o desde alguna rama caída en el agua y sobresaliente, se zambullían galápagos y ranas; y, como una costura de media tarde, habíamos disfrutado de las puntadas con hilos de agua de algunos barbos que parecían danzar sobre la suave corriente, en un alarde de animal amaestrado. Habíamos pasado, con heridas, las fijas cerbatanas de las acacias que en algunos tramos cubrían todo el cauce. Felices en nuestra aventura, dábamos gracias por sentirnos unos privilegiados. Empezó a lloviznar, y lo celebramos. Lluvia pedíamos para aquel río, para las tierras de la vega, para todo el campo. Abril se iba con una querencia de aguacero que no llegó a romper.

Sonó la alarma hablando de no sé qué riada, y me extrañó no haber oído llover, si en verdad el río bajaba tan crecido como la alarma decía. No, no había llovido: se desangró la balsa minera, y eso fue bastante para arruinar un paisaje paradisíaco. Un mar negro, espeso, lento y mortal bajaba por las tierras de mi vida como un líquido apocalipsis, líquida muerte que no dejaba nada vivo a su paso. Las criaturas fluviales murieron todas, y la flora sufrió el bofetón de fango pirítico que la ahogó, la ennegreció y la dejó muerta sobre la cruel riada y sobre las negras tierras, aquel inolvidable negror de las tierras afectadas. Murió de golpe la primavera y abril fue un infierno que yo veía pasar por delante de mi casa. Murió el aire, que en el aire no había criatura alada que se atreviera a volar, ni a piar, ni a cruzar. Un silencio de muerte tuvo el campo, vestido de luto en su propio entierro, amortajado de negro, y me eché a llorar sobre aquel paisaje sin paisaje, sobre la muerte de la vega de mi vida, sobre aquella propiedad de mi mirada. Han pasado veinte años y nadie que no lo viera podrá decir que por allí pasó, arrastrándose, la muerte líquida que bajó de la mina: verdor, peces, pájaros, árboles, anfibios, el río… Pero no sé si lo que miro es un campo resucitado o el cadáver embalsamado que flota sobre el paisaje donde murió.

Niños

Para Antonio González Barbeito

La patulea tomaba la calle como una revolución de tiza y pizarra en el nombre de La Tabla del Cinco. Insurrectos de diaria leche en polvo y sábados de paladar de queso de bola americano, los niños, una recluta entre los seis y los catorce años, salíamos de aquel cuarto con una sensación de haber estado encarcelados en un correccional, cautiverio entre las virtudes cardinales y la división por cuatro, un toque de guerra civil en la voz de maestro y una imposible solución de papel secante en el manuscrito entintado de la jornada. El ganado tomaba la mañana y la mañana se llevaba las manos a la falda para preservar sus muslos de la luz que ya estrenaba verano.

En alguna parte de la tribu esperaban tardes de río y merienda, o de alberca y disfrute huertano, cuando el cuello de la tarde olía a ciruelas maduras y a la miel grumosa encerrada en las bolsas de las brevas. En otros sitios, la niñez hallaba su solución de verano de ayudante en algún bar, o aprovechando oportunidad para descargar camiones de cervezas y refrescos, o se apuntaba a los tajos donde hacían falta un chanca o manos que tiraran de un mulo delante de la regabina. Y también el juego, siempre que había ocasión; en el pueblo o en el campo, que si era una didáctica el hacer carretas con el *corcho* de la caña de maíz y varetas de olivo, disfrute de soñado argonauta eran aquellas tardes de marea y pandero en los cerros. O acercarse para hacer nada o *asnillar* en las eras donde el trigo y la cebada derramaban un sensual olor a pan presentido. Por alguna calle, muy de tarde en tarde, quizá un chiquillo con su carpeta, camino de clases particulares, atravesados no sé dónde los quebrados o la regla de la be y la uve. Y por las calles, como una autoridad de presencia nunca deseada por los chiquillos, el maestro, que con una mirada era capaz de corregir la equivocada acción de un alumno. Los niños hacían del campo y la calle su mundo, sin más guarda que la luz y una voz materna que recorría las aceras o los descampados como una sirena de sangre. Hoy, el fin del curso escolar es un problema que los padres no saben cómo resolver bien, si no hay cerca unos abuelos todavía con fuerzas para hacerse cargo de unos nietos, o un campamento de verano, o cualquier cosa, antes que dejar a los niños sueltos, a su voluntad, en la calle, desamparados. Ya hubiese querido para mí algunos de los lujos que tienen los niños de hoy, pero jamás cambiaría aquella libertad de veranos de trabajo por este bien encauzado ocio de hoy. Porque es de aquella libertad infantil de donde viene esta indomable propensión a la luz y a los sentidos.

Noche dura

A mis viejos vecinos de la calle Navarrete

En la acera, a la puerta de alguna casa, había mecedoras que parecían ensayar un no cumplido sueño de cunita de feria. Sentadas en ellas, abandonada la espalda al trenzado de la rejilla, habría personas mayores que regresarían a su primera nana, mientras el embriagador perfume de los jazmines, esas travesuras blancas, les cantaban sin voz una vieja letra que seguía sonando, pendular, en la voz de todas las madres:

«Mi niña se va a dormir
porque tiene mucho sueño;
ya se cierran sus ojillos
como dos tardes de enero.»

La acera, como el patio, era el refugio de las noches infames, esas noches en las que a Dios se le olvida decirles a los ángeles que muevan las alas. No se movían ni los segunderos de los relojes, y sólo el vuelo de alguna lechuza les decía a aquellas gentes que eran seres vivos, que no estaban embalsamados en una noche de julio, que no eran figuras de un museo del calor asistidas por la desesperación de los abanicos, que abrían y cerraban su osario de varillas sin saber ya si no sería mejor plegar alas y dejar que la noche hiciera —siguiera haciendo— lo que quisiera. Una voz, la misma de otros años, una voz que había entrado un momento a la casa y había vuelto a la tertulia de mecedoras, cigarrillos, comentarios y abanicos, decía, quizá, lo que todos llevaban toda la vida —todos los veranos— diciendo: «Hoy es de esas noches en las que no se podrá pegar ojo... He entrado en la alcoba para abrir del todo la ventana y la pared quemaba...» En aquel tiempo se negociaba con el calor, se le abrían puertas para que se fuera o para que entrara por ellas un fresco que se levantara de pronto y les diera a las caras una fresca pátina de gloria: «¡Oy, qué fresquito más bueno...! Así se tendría que llevar toda la noche...» Un vaso de agua todo lo fresca que había podido conseguir el barro del cántaro; un sillón con asiento de eneas que se colocaba en un pasillo por donde correría el viento, si corría alguno; un poco de agua de colonia por la cara, un bostezo que pide cama y un cansancio, el de los hombres del campo, que, a estas horas, encontrará fresca la sábana que al tacto parece recién planchada... Un rescoldo de historias locales asomaba cada vez más apagada su luz de relato, las salamanquesas perseguían mosquitos por la pared donde la luz les desnudaba presas, y cuando ya todos se convencían de que no habría marea que viniera, salvadora, a la noche, un jaleo de sillas y mecedoras, mezclado con repetidos hasta mañana si Dios quiere, recogía la función. Sonaban cerrojos y trancas. Y en las alcobas habría pocos ronquidos. Era, seguro, noche de no pegar ojo.

Nombres

A Juan Manuel Román, de Ubrique

Había nombres y verbos por la palabra diaria que sonaban como las más hermosas campanas, como los más alegres cascabeles; nombres y verbos que desde hace ya mucho tiempo descansan, perdidos o arrinconados, con el bautizo de *cosa*, con lo hermoso que sonaban aquellos nombres, aquellos verbos, aquellos adjetivos: «De niño estuve trabajando de chanca y acarreaba más agua que un cangilón…» Para que todos lo entendieran, no hacía falta cambiar aquel nombre en el mostrador de ninguna pregunta, porque si bien muy pocos conocerían su sinónimo arcaduz, todos sabían que los cangilones eran los recipientes que sacaban agua de la noria. Lo sabían todos porque todavía en algunos pozos de huerta funcionaban las norias, y se nombraba la palabra noria. Como se nombraba ataharre, y garabato, y angarillas, y almocafre; y los chiquillos sabían lo que era picar cuchillos, desmarojar, faldear, regabinar... Y sabían lo que era una badila, y una tranca, y una aljofifa, y una márcola, y una zahúrda, y un dornajo; y sabían lo que era descamisar, y descopar, y echar una llave con un vencejo; y lo que era un tizo, y una hornilla, y una espetera… Pero, ay, si muerto el perro se acabó la rabia, desaparecida la labor o sustituido el útil, verbos y nombres fueran perdiéndose poco a poco, hasta el punto de que hoy, quienes los conocen, tienen que traducir con comparaciones y con gestos, lo mismo que tendríamos que hacer si a personas que murieron hace treinta años o más tuviésemos que explicarles qué es un fax, un puerto USB, un móvil —con todas sus funciones—, un email, Wi-Fi, blouetooth, modo avión, itinerancia de datos o internet.

El amigo, desde su tierra gaditanamente serrana, me manda —por el móvil, claro— la fotografía de unos frutos, y me la manda como quien pregunta en un concurso: «A ver si sabes qué fruto es...» Cuando el verano iba vaciándose de fuego los bolsillos, los chiquillos íbamos llenándonoslos de ellas, las azufaifas —o jínjoles—; sabemos cómo se llaman, cómo son, a qué saben y, sobre todo, cuánto cuidado hay que tener al cogerlas de su árbol, que se defiende con más agujas que hojas, que sé de gente que ha hecho una corona de espinas con ramas de azufaifo y qué fácil resulta imaginarla ciñéndole la cabeza al Nazareno. Azufaifas —*azofaiza* las llamábamos— de áspero pellejo y dulcísima carne, chuchería de la niñez de entonces junto a garbanzos tostados, palitos de orozuz, algarrobas, higos chumbos, cotufas... Se perdieron muchos nombres, amigo, es natural, pero cuando el verano acaba, el de la azufaifa vuelve a sonar, tan sonoro, al morderlas como a dulces manzanas niñas...

Nómina

A Pedro Román Barbeito

La cárcel entonces era una casa paredaña al Ayuntamiento, con puerta y ventana a la calle. Un primo mío vivía en el mismo edificio, en la planta alta, a la que se accedía por una escalera de obra, muy empinada. Las pocas veces que fui a su casa pasé junto a la puerta de la cárcel con el mismo miedo con el que pasaba por la puerta del cuarto de la autopsia, en el cementerio. Por más vacía que yo supiera que estaba la carcelaria umbría, me horrorizaba mirar por el ventanuco de la puerta de aquel cuartucho miserable. Y eso que los niños sólo recordamos allí a algún borracho desgraciado, o a la pobre Petra, una mendiga alcohólica que andaba siempre meada hasta el zancajo y, cuando bebía más de la cuenta, profiriendo obscenidades o gritos sin sentido. Sólo una vez, una sola vez vimos entrar en esa cárcel no recuerdo si a un ladrón o a un pendenciero, y durante mucho tiempo los niños que lo vimos estuvimos soñando con los ojos de aquel hombre, cuando volvió la cara a la calle al momento de encerrarlo y cuando, por las noches, se asomaba a la ventana, que daba al paseo. Fuera la pobre Petra, fuera algún borracho, un ladronzuelo o un pendenciero que hubiese llegado a las manos con alguien en la taberna y hubiese corrido algo de sangre junto al vino, la nómina de encerrados estaba en nosotros como un vergonzoso hierro de delito que nos marcaba para siempre, para siempre. Por eso, cuando en la niñez íbamos más allá de la travesura, la autoridad paterna reprendía con ejemplos de cárcel: «¿Qué quieres, que te lleven esposado desde el cuartel a la cárcel y que te vea todo el pueblo?»

Yo no sé si hoy la cárcel se ve con menos gravedad que la veíamos entonces, pero me gustaría saber qué piensa un chaval, un adolescente que tenga consciencia de todo esto, cuando ve pasar, un día y otro, y otro, y otro, a gente esposada camino del Juzgado o de la cárcel, esa nómina que cambia casi todos los días y que, por lo que se ve —desgracias al margen—, ve algo más fuerte en el delito que en el castigo. Nombres y renombres, gente de títulos, gente que ya gozaba de una posición envidiable, pisaron un día el fango donde esperan los dineros que ciegan y cuando quisieron reaccionar, el fango les había bordado las iniciales de la culpa en el cuello de la camisa. ¿Qué pensarán los chavales que ven a hombres que van sin inmutarse camino de la cárcel, o ríen, o hacen signos de héroes? ¿Qué pensarán del muestrario, de esa nómina carcelaria? A mí, quizá por la memoria de aquella cárcel de mi niñez, qué miedo me da este chorreo camino de las rejas, qué miedo.

Orillas

A la memoria de Arsenio Villar

Esto era muy parecido al paraíso por donde Eva se multiplicaba y empezaba a hablar en alemán entre el duro acento paisano, y no necesitaba de serpientes ni manzanas para que el pecado mortal volara más bajo que las gaviotas, y el hombre, en un voyerismo sin visillos, ensayara de reojo una apetecida salida del Edén que lo encaminara, en desnudo bíblico, a cualquier atardecer donde la playa no cobraba la cama y la sonora tercería de la bajamar echaba hacia atrás la sábana de arriba para facilitar la coyunda. Por estas orillas, cuando el verano era en blanco y negro y las carnes de las muchachas las habían retocado con tecnicolor, paseabas tú como si acabaras de estrenar un reino. En el pueblo, te habías pasado tres meses siguiendo instrucciones de *Sanson Institut* y procurando emparejar con el sol de la tarde la camisa de blanco de umbría que te tatuaba el canalla sol del campo.

Paseabas por estas orillas con piernas fuertes de veintitantos años, vientre liso, cabello espeso y rubio —dorado del sol— y un bañador que a Tarzán le hubiese causado pudor ante Jane. Aprendiste el alemán justo para llegar al catre, y por la mañana del mar ibas saludando conquistas nocturnas como quien se pasea por su ganadería. Daba igual que tu mansión fuera un chozo familiar sin agua y sin luz y con paredes vegetales o viejas cortinas de la casa del pueblo, porque el día lo pasabas por la arena y la noche en nido ajeno. A veces te dabas a la endogamia y apartabas para perderte en la noche a alguna muchacha de un pueblo cercano, a la que contabas —en un mal español que dejaba caer a posta algún giro alemán mal pronunciado— historias que nunca dejaron de ser un cuento. Un día vino la especulación y pensó que era bueno echarle cemento a tanta arena, y levantó pisos como quien levanta una frontera. Observaste que tú también atardecías, cuando el día se iba a la tumba de la noche con todos los oros que podía recoger del crepúsculo. Las alemanas y las nativas fueron haciéndose esposas y madres y fuiste quedándote en esta playa como un Narciso sin esteros de ojos azules y carnes de clausura en los que mirarse. Te diste a contar tus historias, y los almanaques mojados en cerveza y paella fueron menoscabándote el harén, hasta pisar el ridículo tratando de ligar a chavalitas políglotas con manuales ya sin cambio en los nuevos mostradores. Ayer, cuando paseabas por esta orilla, parecía que acababas de conquistar la costa; hoy, cuando, ya viejo, sin restos de aquel *Sanson institut* y rubio de tinte, te veo pasar, parece que acabas de llegar de un naufragio. El tuyo.

Pekenikes

A la memoria de Joaquín Salado García

En aquel escenario invisible de la radio, a finales de los cincuenta, empezaron a subir nombres y sonidos, quizá como insospechado anuncio de la venida de aquellos chicos de Liverpool que lo revolucionaron todo, la música, las letras de las canciones, la estética, los contratos, todo, que respondían por el nombre de The Beatles. En los sonidos de la tribu, donde todavía repicaba en algunas buhardillas del hambre el cocidito madrileño de Pepe Blanco, se abrían paso nuevas voces y, según llegaban en las primeras imágenes de la televisión, algunos artistas que escandalizaban la tradicional estética tribal. «La gente de los pelos largos», como llamaban los mayores a tipos como The Beatles y poco más tarde a Los Brincos y a otros paisanos, impusieron una estética que, si bien podía quedar muy bien en la mayoría de los estudiantes de aquel tiempo, resultaba incomodísimo en muchachos que tenían que bregar con aquellos pelos mientras trabajaban en los albañiles, en los aserraderos de madera o en el campo. Siempre fuiste de Los Brincos, y siempre tuviste claro por qué: porque te enterabas de lo que decían las letras de sus canciones, mientras que de The Beatles, por más buena música que trajeran, no te enterabas de nada, y peor enterarse, que a lo hermoso de *Te quiero*, ellos lo llamaban *I love you.* Y así no te sentías satisfecho cuando pensabas en decírselo a una chica.

Las nuevas músicas y las nuevas tendencias, todas, subidas en el *surfing* de la televisión, se adueñaron de todo. Todo era un conjunto que se dejaba crecer los pelos, todo era tratar de cantar algo en inglés, todo era aquella ropa estrecha y aun cierto aire andrógino en chavales de facciones muy finas. Se improvisaron baterías, guitarras eléctricas, la voz fue haciéndose de falsete, y, en fin, nada se parecía a lo que habíamos conocido, de refilón, cuando la adolescencia estaba loca por afeitarse el bozo y carraspear con el primer cigarrillo. No recuerdas cuándo llegaron, si en unas Cruces de Mayo, si en unos cacharros de feria, si en la radio, en un especial de Nochevieja en la tele, si en un disco que alguien trajo a un guateque, pero aquella música —la mejor— era otra cosa, tanto, que dabais por bueno que sólo fuera un conjunto instrumental. Se llamaban Los Pekenikes. Ayer tarde, mientras leías la prensa, supiste de la muerte de uno de sus creadores, Alfonso Sáinz, Alfonso Eduardo Sáinz Amorós, alicantino. De pronto, alguien ha cerrado aquella azotea de los guateques, y en alguna parte suena, tan hermosa, *Embustero y bailarín.* Y tú no tienes adolescencia a la que agarrarte...

Película

Para Andrés Rubio Sánchez

Era amplio el reparto de aquella película del verano que se proyectaba, tal cual iba rodándose, desde la primera sandía de julio hasta que el aire de algunas calles se pringaba con el primer racimo que le daba a septiembre lagar y tabarros. Era amplio el reparto. Como artistas invitados, algún chaval que viniera a disfrutar de las vacaciones escolares y algunas muchachas que vinieran a pasar el verano a casa de algún familiar. El verano era una película en la que tú estabas más entre los extras que entre los actores principales, a menos que en un guateque, en un baile, la mirada de una niña te eligiera y pasaras de ser uno más de la bulla a parecerte en algo al muchacho de la noche. Lo cierto es que el verano era un largometraje de luz por el que ibas descubriendo paisajes humanos llenos de alegría, de vida, de sueños y, para que no faltara de nada, también de algunas tristezas. Más besos en las ganas que en la boca, más deseo que realidad en las manos necesitadas de escribir la pasión en la cintura de alguna muchacha, más pájaros en el aire que a tu alcance, la película —sesión continua— no daba tregua más que para dormir y trabajar, que si el paseo, la plaza, el cine de verano, las terrazas de baile y los veladores de las primeras cervezas eran la jornada de actuación, el trabajo y el sueño eran los camerinos donde pensabas cómo actuar en la próxima escena. Era amplio el reparto, muy amplio; y unas veces en primer plano y casi siempre perdido en la multitud de los extras, tenías asegurado un papel en aquella película que se ofrecía en un largo cinemascope de más de dos meses. Y no te explicabas cómo, con la gran película que era, los mayores a veces ni la miraban.

Es amplio, más amplio que entonces, el reparto de la película del verano, y empieza a rodarse y proyectarse antes que entonces, aunque en la pantalla aparezca antes el The End. Septiembre ya no es tan largo, y hay muchos extras y actores principales que escapan del área de rodaje porque tienen que recuperar asignaturas, o irse de vacaciones con sus padres lejos del sitio donde viven los demás meses del año. Pero la adolescencia, como entonces, aprende guiones de otros y no siempre sabe cómo comportarse cuando al verano llega una estrella invitada. Ahora, el baile será una reunión en una plaza, o a las afueras, entre motos y bebidas, o montarse en un coche con el amigo de algún amigo para ir a otro pueblo, a otro barrio, a la playa, a una discoteca. Como entonces, no descansa la gran película del verano. Pero como ya no estás en el reparto, pasas junto a la pantalla y ni la miras…

Peregrinación

A Lutgardo, Carmen, Jacobo
y Jesús García Rodríguez

Cuando los chiquillos, la madrugada del día de Santiago, os ibais carretera arriba a esperar la llegada de la Caballería, creíais que aquella caminata de un par de kilómetros era una peregrinación única, por la hora —aún la aurora no había abierto sus flores rosadas— y por lo extraordinario del día y de la banda de cornetas y tambores. Con otros chiquillos, comentabais más tarde que habíais pegado el oído al asfalto, como hacían los indios de las películas del Oeste, para oír el ruido de los cascos de los caballos —aquel lejano Morse de herraduras nuevas— sobre los que venían los policías. Cuando las figuras de los caballeros se entreveían en el crepúsculo, parecían una uniformada caballería rociera. Corríais a la tribu, más rápidos que el andar de los animales, para anunciar que estaban a punto de llegar a la Casilla de Félix. A la entrada de la tribu, entre los gigantescos árboles que escoltaban la difícil y estrecha carretera, un cohete abría la mañana.

Nunca fuiste, porque no era cosa de niños, a la larga caminata desde la tribu a la capital la noche del 15 de agosto. Antes de que los panaderos empezaran su faena, y cuando los serenos apenas habían hecho media ronda, había muchachos y menos muchachos —y algunas mujeres—, que salían de la tribu apercibidos de agua y algunas frutas —o bien aprovechaban pozos y frutales del camino—, para estar en Sevilla al romper el día. Una promesa, en algunos casos, y una mezcla de promesa y maneras de huir del calor urbano de la noche, de algunos ociosos o pudientes que se apuntaran a la aventura nocturna de más de seis horas de caminata. Cinco leguas de asfalto en las que si acaso verían pasar dos o tres camiones camino de cualquier carga. Tres o cuatro pueblos, puñados de luces tristes; si acaso, unos ladridos de perros y quizá alguna venta, en las paredes de la capital, donde el ventero lo preparaba todo para abrir las puertas poco antes que el día. Aquello de ir andando desde la tribu a Sevilla para estar a las ocho de la mañana en los alrededores de la Puerta de los Palos para ver la procesión de la Virgen de los Reyes, no era cosa de chavalillos, era costumbre de gente adulta. Y aquella aventura sí que te parecía la mayor del mundo: cinco leguas andando, seis o siete horas de caminata. Cuando hoy ves cómo decenas y decenas de personas de la tribu recorren todos los años un tramo de más de cien kilómetros del Camino de Santiago —casi una semana de peregrinación—, te acuerdas de aquellas madrugadas de la Caballería y de las noches de promesas por la Virgen de los Reyes. Y se te van los pies, se te van, al camino de la memoria...

Piñones

A la memoria de Casimiro, que nos traía piñas

Hace muchísimos años que no vuelven los carreteros con las carretas cargadas de troncos olorosos, camino de la estación del ferrocarril; ni pasan los cisqueros con sus burros cargados de negros sacos de picón; ni pasan ya, con medio cuerpo metido en la noche, los hombres que, hacha al hombro, volvían de dejar sus fuerzas en cortar pinos como columnas de templo clásico. El pinar es ya un largo silencio vertical al que, en ocasiones, hay que entrar como a un museo, por las prohibiciones y por la escasez de riquezas que siempre tuvo. Cuando empezaste a ir al pinar, sentiste lo mismo que la primera vez que fuiste al mar: lo olías desde lejos; como aquel viento que precedía al aguacero que los hombres del campo, al olerlo, decían: «Huele a agua...; este viento trae el agua en las manos...» El pinar olía muchísimo antes de llegar a él, y si el viento te venía de cara, veces hubo en que el pinar te olió apenas dejaste atrás los corrales. Hoy parece que los pinos no dan piñas, o será que nadie allí se da ya a ajustarse ganchos para subir a la cucaña del pino. Qué olor a resina por la tribu, cuando volvían los piñeros con los serones de las bestias cargados de piñas verdes...

Para aquellos chiquillos de tu infancia, el olor del pinar era un pomo resinoso, una joya verde y apretada, aovado pez de durísimas escamas. Si en las monedas más antiguas acuñadas en la ceca local figura una piña, sería porque allí habría entonces una gran masa forestal donde los pinos piñoneros formarían la más hermosa y vegetal columnata, sostén del cielo. Si aquellas seculares monedas con una piña grabada sirvieron para compra o trueque, la piña fue en tu infancia la riqueza del paladar, una alcancía llena de sabor. No hubo otoño sin piñas, en aquella infancia tuya; ni candela donde asarlas —¡qué olor, el de las piñas asándose…!, ni, más tarde, chiquillo que con una navajilla o dos medios ladrillos disfrutara del sabroso y diminuto bocado de su blanca almendra que, a medio despellejar, parecía un largo grano de trigo alado. Cabe tu infancia en el sabor de un piñón tostado. La otra tarde, en Sanlúcar de Barrameda, viste aquel puesto de piñones y te paraste a comprar. El piñonero, cuando te despachaba, no sabía que estaba devolviéndote, en granos, tu infancia.

Placeres cercanos

A Vicente Rodríguez Mora

No existía lo frío, existía lo fresco. Existía el frío, sí, pero no lo frío. Y el frío traía remite otoñal, invernal o de principio de primavera. En este tiempo, lo más deseable en ti era el fresco, de una sombra, de la grama de la chopera junto al río, de la hora de la marea, de las noches en las que Dios movía su propio aire. Entonces, tenías frescores guardados en los pozos más hondos y dulces, y en los candelechos de las viñas, ya echada la noche, y en los cadozos fluviales rodeados de álamos.

No existía lo frío. Y en la tribu, sólo en los escalones de mármol derretible de las barras de nieve de los pescaderos y en las neveras de algunos bares. Lo frío era entonces lo fresco, y lo celebrábamos como si se nos hubiese fundido en la boca un glaciar. El frescor del gazpacho era el del agua del cantarillo escondido a la sombra; el frescor de la sandía, el que hubiese permitido el vahaje que paseaba las hazas. De todos, había un frescor paradisíaco, un frescor que se ofrecía cuando el alba acababa de echarse a los pies la sábana de la aurora. Ese frescor, perfecto, no es posible hallarlo hoy en ningún frigorífico, porque aquellos grados no estaban medidos, estaban dentro del cercano placer de que disfrutaba la gente del campo: la fruta comida al alba, tras haber recibido todo el frescor posible de la noche. No hay breva que comas que te sepa como aquellas cogidas y comidas cuando el sol del alba aún no había retratado las higueras. No hay frescor que iguale al frescor de las ciruelas fraile mañaneras, entre las hojas del árbol, como canarios frutales. No hay frescor que iguale al placer de morder un racimo de uva madura y tersa cuando la luz aún no ha metido sus manos entre las cepas. No hay placer como el de sacar una cubeta de agua de un pozo dulce y, sediento, volcársela en la boca como quien necesita desbordarla. Placeres cercanos que sólo estaban en ti, cuando el verano calentaba incluso las barrancas del río. El frescor, ese placer cuasi perdido.

Poleo

A Lola

Por tu nombre, huele el aire de la vega. Y le huelen al campo las carnes del manchón. La marea te recogía a manojos, antes de llegar a la era a ayudar a los bielgos en la tarea de avienta. Te rozabas por las piernecillas infantiles que iban al baño de la tarde como si quisieras echar a navegar tu esencia. Tu espiga le ponía a la camisa caliente del verano una malva botonadura de festivo. Allí donde tú estabas, estaba lo mucho femenino que tiene el campo cuando el verano es una conquista con lanzas de sol. Es junio y ya estás ahí, en flor, precioso, coqueto, llamando la atención en cuanto te tocan unas manos. Cuando los rastrojos —cama para un espeso aire faquir— eran un prado cereal y pajizo para cabras y ovejas, la luz te sonsacaba y le dabas a la intención infantil, que aun impúber buscaba los secretos del roce, una condición muelle que la llevaba a rozarse por todo.

Iban a recolectarte como quien siega garbanzos en berza. Te esperaban las calderas, el alambique que conseguiría un extracto de ti, carísimo como perfume caro, que llevarían donde una gota de tu sangre extraída con calor valía más que el territorio donde habías nacido. Espigado, los hombres te llevaban clavado en la gorra o en el sombrero, para ahuyentar mosquitos. Pero más allá de la gorra y la caldera, más allá de la siega y de infusiones, lo más grande de ti estaba en el color malva de tu flor y en el olor que derramabas por los manchones cuando la huella del hombre pasaba rozándose por ti. Quien haya vivido una infancia de poleo en el campo, difícilmente tendrá en su memoria un olor más poderoso, aunque el campo tenga cien olores grandes. Olían ciruelas y brevas cuando las descamisaban, y olía, mordido, el damasco, y olían —cómo olían— las tomateras al acariciarlas, pero tu olor era, es, la abierta y profunda perfumería natural del campo. Un rico olor a pobre llevas en ti, sonajero sin sonajas, ábaco donde el aire suma, multiplica y divide aromas. Te me has venido al jardín como un lejano pajarillo que empecé a criar en mi mano y a mi mano vuelve, conociéndome y conocido, a cantar sin piar como jamás en el aire campero cantó un olor. Eres —tu olor— el pregón que el campo pronuncia antes de que la juncia y el romero lleguen a los pies del Corpus…

Presencia

A Ignacio Mora Colchero.
In memoriam

Tendido, bocarriba, cubiertos tu cuerpo y tu rostro con una sábana, tu perfil, amigo, es volcada estatua de relente. Parece que Lorca lo hubiera escrito por ti: «Ya está sobre la piedra Ignacio el bien nacido...» Porque a ti también te doraba la cabeza un «aire de Roma andaluza», y también tu risa era «de sal y de inteligencia», y seguro que te llegó la voz aquella de «Vete, Ignacio, no sientas el caliente bramido. / Duerme, vuela, reposa...»

En el viejo cuarto que compartían esculturas de vírgenes y cristos, la *estatua* de tu muerte, aunque no puedas verla, te ha salido perfecta. Ya eres barro en reposo, fin de tu propia obra, esencia de imaginería. Has pasado de un sueño efímero al eterno cuando quizá tu imaginación —rica incluso dormida— recorría, en dulce aventura, aquellos paisajes deslumbrantes de que me hablabas tantas veces. Se ha cumplido en ti la aseveración machadiana de que no veremos «caer la última gota que en la clepsidra tiembla». No has pisado la dolorosa agonía, ese arenal pantanoso en el que, dicen, se siente cómo la vida se hunde; no has tenido consciencia de tu muerte, quizá en premio por haberla tenido tan grande de tu vida.

Vendrán las lluvias y te recordaré tras los visillos del gran espectáculo del agua; vendrá la primavera y estarás donde florece el genio; vendrá el verano y estarás allí donde celebrábamos la luz ancha, las noches donde el cielo es acerico azul de las estrellas errantes como tú, altas como tú, luminosas como tú. Vendrán las madrugadas de julio, nubladas por una polvareda estelar que para ti será siempre jacobea, y al pairo del silencio, mientras el pueblo duerme y se oyen al lejos las lechuzas, cuando se rompe el sueño de los panaderos y el alba es más víspera que promesa, volverás a estar conmigo, contando historias increíbles —porque «tenemos que hablar de muchas cosas»—, soltando hilos de fantasías que acababan prendiéndome en la sutil hebra de tu gracia, de tu memoria, de tu voz, adorada fábula en la que tanto ha aprendido mi deseo de escritor.

Te has muerto, Ignacio Mora; nos morimos un poco todos los tuyos. Te llevas, completo artista, el secreto de la fortuna de tu arte. Pero serás inmortal presencia en quienes haya una mínima referencia tuya. Porque también parece por ti aquello de «Tardará mucho tiempo en nacer, si es que nace, / un andaluz tan claro, tan rico de aventura». Descansa en paz, mi querido amigo del alma.

Presente ausencia

A José Jurado Marcelo

¿Dónde estarán, enriqueciendo qué silencio celeste? ¿En qué dimensión? Se fueron, pero estarán, serán en otra parte. Eran la palabra. Vivían para ir recogiendo historias, sucesos, anécdotas, detalles, calderilla de comentarios, y de todo aquello hacían, tamizado por su gracia y su talento, la mejor edición oral que he conocido. Era, sobre todo, un diario de la noche, un interminable boletín nocturno y noctívago con el que alimentaban el ocio y la curiosidad de sus fieles. Si en el invierno no tenían más territorio que el que se levantaba alrededor de la meda camilla, en el verano ampliaban la escena y lo mismo actuaban en el patio que en el poyete, o se trasladaban, humanas unidades móviles, a las casas de los amigos de más confianza y mejor acogida.

Estar con ellos era asegurar una velada distinta, darle a la vida otro sentido —siempre mejor—, dárselos a las horas inútiles, dárselo al desánimo, que siempre salía de entre ellos con un renovado crédito de esperanza. Ellos eran la radio que no había que sintonizar, el periódico que no había que leer, la televisión que no había que mirar. Ellos eran una humanísima multimedia: periódico, radio, televisión, todo en una dimensión infinitamente superior a la conocida. Ellos eran el libro que nunca tuvimos que abrir; ellos eran el país sin nombre del que nunca queríamos salir y al que siempre nos pareció haber llegado tarde... Gente de vida y palabras, de gestos, de historias increíbles, de vivencias únicas. Estas noches que el verano viste de coches que pasan camino de la diversión o de tratar de matar el aburrimiento, de motos que cruzan como cohetes rastreros, de juventud que chilla más que habla, de bares donde se concentra el enjambre que zumba mientras bebe, los echo de menos. Los echo de menos siempre, pero es en el verano donde más me regresan. Sobre todo, por la palabra. Porque en noches así, en noches que están hechas para un aforo de silencio en las gradas de la azul oscuridad estrellada, su palabra es la gran ausencia solicitada. Nos regresan, sí, si los nombramos, si tratamos de aproximarnos a sus gestos, a sus ocurrencias, a contar las mil historias que ellos contaban, historias que nos faltan, y sabemos que nos faltan porque jamás podremos tenerlos tal como eran. Genios que bien podrían haber suscrito parte del «Adelfos» de Manuel Machado: «...un vago afán de arte tuve, ya lo he perdido...» No tenían afán de arte, eran artistas, pero artistas jamás sometidos a ninguna disciplina. En el verano son la palabra ida, la palabra que invoco para vivir acompañado de su recuerdo. Eran dos, y por su palabra parecían una multitud riquísima...

Primera lectura

A la memoria de Vicente Pérez Domínguez

Hacía ayer por la mañana un sol de recreo de la escuela de don Manuel, Vicente. Aquel sol bajo el que tomábamos la leche en polvo que mandaban los americanos, cuando holgábamos en la media mañana paredaños al molino que, sin que yo pudiera adivinarlo, ya me llamaba con su ronca voz de granito. Sol de leche en polvo. Como me hubiese sabido a mediodía de queso de bola, de haber sido sábado. En aquella escuela de un solo maestro y medio centenar de niños había que buscar ayuda en los mayores, que entre el mayor y el más pequeño podía haber casi diez años de diferencia. Tú eras cuatro o cinco años mayor que yo, y a ti te encargó don Manuel que enseñaras a leer a algunos niños, yo entre ellos. Yo miraba cómo entraba el sol primero por las ventanas, y me quedaba absorto tratando de descubrir si el polvillo de tiza y miseria que flotaba en aquella cuchilla de luz eran las musarañas que don Manuel decía que mirábamos cuando nos distraíamos. Tenemos una memoria de tiza y tintero, de tiza y leche en polvo, de tiza y queso de bola, de tiza y de frío, y de soledad ante la ignorancia.

Había contigo otros que también enseñaban a leer, pero yo te prefería a ti —te lo dije muchos años más tarde—, porque contigo la letra no entraba con sangre, sino con dulzura, con paciencia, con una infinita bondad. Tan chaval eras y ya tan sereno. Esa misma serenidad tuviste siempre en todo, cuando trabajabas guardando ganado y cuando andabas en el campo. Eras lo que entonces se decía de los niños buenos y obedientes, «un niño humilde». Nunca una voz, nunca una palabrota, siempre una palabra agradable, siempre una sonrisa. Te preparaste por tu cuenta, sin dejar de trabajar, y te fuiste a buscar el pan fuera del pueblo. Nos encontramos un día por Triana, los dos lejos de la tribu entonces, tú de cartero y yo en lo que andaba. Y te lo dije: «¿Tú te acuerdas, Vicente, de que fuiste quien empezó a enseñarme a leer?» Sí, te acordabas, y te acordabas, aunque no quisiste reconocerlo, de mi torpeza para aprender, de mi miedo a no acertar con lo que estaba escrito en aquella Cartilla Primera del tomate y la abubilla. Ayer iba para Sevilla y sentí doblar las campanas de la tribu. Pregunté y me dijeron que doblaban por ti, Vicente, tan joven todavía. Estas palabras son para ti, como homenaje a un hombre bueno y como gratitud por aquellas lecturas. ¡Lo que yo daría por leértelas, Vicente, bajo este sol de recreo…!

Recreo

A la memoria de don Manuel Monsalve

Era muy fría aquella habitación grande y más baja que la calle, con las ventanas orientadas al este, pero por las que el sol no acababa nunca de entrar, si acaso tocaba con los nudillos, porque las casas apenas lo dejaban asomarse a mirar la cara de frío de los colegiales, en invierno. Lo que más se agradecía en aquel cuarto grande que hacía las veces de escuela era la siesta, más fresca que en cualquier casa del pueblo, pero eso ocurría solamente cuando el curso iba tocando a su fin; desde octubre a marzo era una umbría en la que los niños soñábamos con escapar de ella como de un castigo. Por eso, cuando llegaba la hora del recreo, salíamos no tanto como escolares a los que les regalaban un rato de ocio, sino como presos que acaban de recibir la libertad. De aquella umbría pasábamos de pronto a los territorios de la luz más alta, porque el recreo era en la falda del cerro donde se levantó un día la fortaleza árabe, y desde allí mirábamos como un sueño la luz que se tendía sobre el verde de la vega, más acá y más allá del río, salpicada de vacas, de borregas, de mulos... Antes de que la voz del maestro nos recogiera de nuevo en la escuela, los chiquillos mirábamos desde la falda del cerro toda la luz que venía subiendo a la meseta, y cuando entrábamos en el aula lo hacíamos ciegos de tanta luz.

Así, la ciudad. Así, los pueblos. La gente ha habitado el otoño y el invierno como si estuviera en una escuela donde sólo hubiera horas de aulas, nunca de recreo. Como en aquella primera escuela, la gente echaba de menos esa mano de sol que toca en los cristales, o se cuela como un fantasma dorado por cualquier puerta abierta y calienta cuanto toca; y la gente, encogida por el frío, por la umbría —esa nunca apetecida clausura del andaluz, si no es verano—, miraba en el reloj de la luz a ver cuándo sonaba la hora del recreo. Un recreo es cuando las manos de marzo se remangan la camisa del invierno y las carnes del alma ven la luz. Un recreo. Por eso la gente va ahora por la calle no como por una fugaz ocasión de luz, sino por la libertad de la luz, por los territorios —propios— donde la luz lo domina todo, lo habita todo, lo embellece todo. La ciudad, los pueblos, ahora, como aquella vega que mirábamos desde el Cerro de Ana María, tan dominador. La luz que llega es un recreo, un largo recreo que la gente aprovechará para vivir, reír, soñar, sentir la renovación de tantas cosas que piden vida, participar, ser. Porque aquí el recreo no es un descanso, es una asignatura sin la cual es imposible la licenciatura luminosa de la felicidad. Sabedlo.

Reloj

Para Anita García Manfredi, in memoriam

De todos los nombres que las horas tenían en mi cercanía, antes de que el reloj me anillara la muñeca como si aquel adolescente fuera una especie en extinción, quizá la más hermosa, junto a las del campo, era aquella hora que marcaba la ley cuartelera de la casa familiar, cuando salía por la tarde para el juego y la voz de mi padre o de mi madre era una campanada que había que respetar: *Al oscurecé, aquí.* Tantas veces sonó aquella frase, que me hubiera encantado que las horas del reloj hubiesen podido contarse diciendo «...las seis, las siete, las ocho, el *oscurecé...*»

El campo tenía sus horas, preciosas todas, y ninguna, al decirla, escribía en el aire un número, ni quedaba encerrada en el ruedo de un reloj, y algo mucho más hermoso: ninguna de aquellas horas recitada en la voz de la gente del campo tenía manillas, no ya de minutero, ni siquiera horaria, que cuando aquellos hombres decían una hora, una playa de tiempo se extendía, una playa por la que podían correr minutos, cuartos de hora, incluso más tiempo, sin que saltaran las alarmas de la espera o de la impuntualidad. Qué sonoro resultaba oír, en expresiones que se han perdido en casi todos los sitios, *Al despunte del alba,* y todos sabían que esa hora no era un tiempo atrapado entre segundos, que no habría campanario capaz de dar la campanada de esa hora. Como no había campanadas, aunque todos supieran cuándo era, cuando decían: *Mejor, vente entre dos luces*; así, entre dos luces, ni de día ni de noche. O te lo precisaban coloreando el cuadro horario: *Nos vendremos al lubricán.* No sé cómo salir de los relojes de hoy, cuando un minuto me supone una hora más de pago en un garaje público, cuando por dos minutos me cierran una oficina o un supermercado. Quizá esté pagando la precipitación adolescente de querer un reloj, el mismo que me compró mi padre tras un buen verdeo, un Radiant automático que pagó a dita a una joyera que recorría la tribu cuajada de alhajas —pulseras, collares, reloj, pendientes...—, como una Dolorosa prestamista. Quizá esté pagando ahora aquella consulta cuasi continua con el reloj de la Plaza, del casino, de otros amigos, como si el de mi reloj fuera un tiempo mío, exclusivamente mío, sin querer darme cuenta de que era yo un vigilado de aquel cíclope de la muñeca izquierda que me marcaba las pulsaciones en su segundero. Cuánto echo de menos aquel reloj oral que daba campanadas de advertencia: Al *oscurecé, Cuando se eche la tarde, Cuando se enciendan las luces.* Lo que yo daría por oír aquellas campanadas de mi padre o de mi madre, tan ampliamente exactas...

Remiendos

A los jóvenes de la tribu

Dos palabras de origen metálico sonaban cuando nombrábamos los primeros pantalones vaqueros: remaches y *chirrín.* Nunca entonces fueron llamados pantalones vaqueros, sino pantalones de remaches, y con toda la razón del mundo, porque eran remaches los que reforzaban los ángulos de las costuras. Pantalones de remaches. Recuerdas el primero, de un azul cuasi ferroviario, sin el apresto natural de los que venían importados o de contrabando y con los lavados y el roce adquirían la perfección buscada por su dueño, aquella perfección que aclaraba la tela por la parte anterior de los muslos y el trasero, y eso daba un aspecto de vaquero del Oeste, cuasi sheriff, cuasi muchacho de la película del paseo. No recuerdas la marca de tus primeros pantalones de remaches, pero recuerdas que dejaron su azul en el lebrillo.

Con los vaqueros se quedó una palabra que ya estaba en la tribu con un valor onomatopéyico: *chirrín.* Nunca le dijeron cremallera, salvo unos cuantos; el resto, *chirrín*:

—Este pantalón es mejor que el tuyo, porque el tuyo tiene la portañuela con botones y el mío la tiene con *chirrín…*

Recuerdas el dolor que soportó un hombre de la tribu al que su hijo le trajo de Francia unos pantalones con *chirrín*, y un día al ir a hacer aguas menores se pilló con los dientes de la cremallera lo que no tenía que haberse pillado. Daba saltos como loco, y sin atreverse a pedir auxilio… Pero andabas de vaqueros. Aquel roce que le daba categoría, pátina de buena tela a los pantalones de remache vestía mucho. Junto a esta tela dura y bien vista, paseaba otra que avergonzaba el aire pobre de la tribu: la de los remiendos. Pasaban muchachos con pantalones que eran minifundios textiles de distinto paño, aquellos remiendos que si no escandalizaban en el campo —cabrerillos, porqueros, pegujaleros y gañanes—, señalaban en el paseo y en las fiestas la pobreza de quienes los llevaban. «…siempre me han *gustao* a mí / remiendos de un mismo paño», cantaba por soleá El Carbonerillo. A los pobres, a todos; pero no todos podían remendar con el mismo paño. Hoy, cuando ves que lo que más viste de unos pantalones de remaches —que ya no son de remaches— son sus rotos, sus remiendos y sus forzados deshilachados; cuando ves pasar a hermosas muchachas con *remiendos* de carne de muslo o de nalga en sus vaqueros, piensas en aquel tiempo donde las agujas trataban de hacer milagros para que el aspecto indigente no metiera sus dedos por los rotos de las telas. Y no lo entiendes. Y cierras el *chirrín*, porque crees, con razón, que a la abundancia se le ven sus vergüenzas.

Resolanos

A la memoria de Ramón González

El trigo había vestido la desnudez del labrantío y, a pesar de las madrugadas que le helaban las manos al sol primero, en algún vallado ya se había levantado la blanca osadía de un almendro en flor. La mañana, descalza, no se sentía los pies por las veras del río, tan húmedas y tan vestidas de yerba rociada. El pájaro buscaba el perfil encendido de cualquier rama y la brisa, la misma que le acariciaba el lomo al trigo, aleteaba fría en las esquinas del pueblo donde todavía no habían llegado las linternas del sol. En el campo, los hombres pasarían el día sin que se les calentaran los pies, toda la jornada andando sobre las carnes heladas de la tierra. En el pueblo, sólo los pescaderos parecían vivir dentro de una estación cálida; hechos como estaban, desde antes de que el día se hiciera, a bregar con cajas de pescados llenas de terrones de nieve, salían a la calle con la camisa arremangada y sin un mal repeluco.

Carretera arriba, iban las mujeres camino de zaguanes de huertanos que ofrecían sus frutos de invierno, o al mercado, aquel abierto escaparate donde se alternaban puestos de ultramarinos, pescaderías, carnicerías... El día iba dorándose por las calles, tratando de encender todas las esquinas. En la mañana alta, a esa hora en que la luz parece entera, algunos viejos y algunos hombres ociosos buscaban los resolanos donde el sol los retrataría durante un par de horas —dorsal imagen de sombra— sobre la fachada donde veinte manos de cal defendían su frialdad como un talud de hielo. Allí, en aquellos resolanos, los cigarrillos de tabaco de cosecha firmaban en el aire, con trazos de humo, el certificado del aburrimiento. Hasta allí llegaba el muchacho que pregonaba piñones torciendo la boca al sostener la eñe, y los hombres, con la mirada en cegarritas bajo la visera de la gorra, sacaban una navajilla del bolsillo de la pelliza y se ponían a abrir piñones —negros los dedos y la boca— y la mañana olía como si con una ganzúa hubiesen abierto las puertas del pinar. Hoy, en estos sitios de progreso y tecnología en todo, no veo a nadie en los resolanos buscando el calor del brasero del sol, y quizá el cuerpo se defendía mejor entonces, cuando iba acostumbrándose, desde muchacho, a soportar un poco de frío en aquellos paredones donde se agradecía el cálido y sostenido fogonazo de un sol retratista que iba mudando su caballete. Quizá aquellos inviernos frente al sol, en los resolanos, eran más sanos, y menos peligrosos, que estos de hoy que los hombres pasan escondidos —asustados— en la casa, con el perro de un brasero entre las piernas…

Retrato

A la memoria de El Cangui

Eras un Baco sin mitología. Te iba por los ojos la vendimia y en tu dentadura había algo de lagar, y en tu saliva, mucho de mosto. Sonreías con serpentinas de pámpanos en la cara y en tu boca había una impaciencia de pajuela y de yeso y una endoscópica intención de venencia. Hubieses merecido un ropero de hojas de vid, y un silencio septembrino de miedo de pájaro que espera manos que lo roben, que así están los racimos. Te negabas a solar el suelo terrizo de tu casa, porque andabas por él como bodeguero que va, por el olor, distinguiendo el contenido de las botas.

En ti, la dipsomanía era una virtud de hombre-cepa, de hombre-bodega, de hombre que sabe que por las venas le va más vino que sangre. Tenías aliento de bota recién vaciada, y por tu palabra líquida y transparente iban los duendes del vino acentuándote los sonidos, subrayándote el cariño, firmando tu existencia como quien escritura una viña. Una humana taberna parecías, cuando te colocabas entre las botellas que levantaban las torres más hermosas de la ciudad de tu intimidad. Siempre bebido, siempre empapado, pero jamás tirado por las calles, jamás insultando a nadie, jamás estorbando en una conversación, jamás provocando pendencias. Cuando te sabías al límite, pagabas, siempre más de la cuenta, y es posible que, con húmeda denuncia de incontinencia en los pantalones por la entrepierna, tomaras el camino de tu casa como quien lleva promesa de silencio y sueña imposible rectitud por las aceras, donde encontrabas lázaros de cal en las fachadas y en las rejas de las ventanas. Eras un Baco sin mitología, y hubieses merecido que por ti danzaran, en el escenario de tu mitomanía, bacantes que rebosaran lujuria, que se echaran sobre ti como sobre un garañón insaciable. Ahí está tu frase, inmortal, como tú, cuando soñabas que las muchachas de la tribu iban a tu casa a comprometerte: «*No s'armiten más mujere...*» Eras más que Baco; tenías dentro más mitología que muchos dioses, y tu vida era un tratado mitológico que jamás nadie —qué injusticia— te escribió. Más que carné de identidad, te cuadraba tener en el pecho una etiqueta de denominación de origen. Con gorra de corcho tendrías que haberte tocado. Y literas de andanas y cuñas hubiesen sido tu dormitorio ideal. Hablabas y te descorchabas; hablabas y bebíamos tu vino. Tu bondad era un río de vino generoso. Y cuando te dabas todo, quedaba en ti, y en el ambiente, un olor a vida y a misterio, a cante jondo y a verso haciéndose. Vuelves en todas las vendimias, y como dijo de un amigo el inmortal Speroni, podrían haber dicho de ti: «Cada vez que se va, deja una arruga.»

Reyes

A Ramón Franco

Acababa de irse la luz de la tarde, fría y tiritando, por las tierras más allá del río; en el pueblo, al lejos, sólo se veía encendida la veleta de la torre, quieto pájaro de oro que a una pata no respondía más que a la voz de los vientos. Mucho estaba tardando Bernabé el electricista, que tendría que haber encendido ya el alumbrado público, aquel telegrama que en la noche no tenías más escritura que los muy separados puntos suspensivos de las bombillas a lo largo de las calles principales; las otras, dos luces, una a la entrada y otra a la salida. La noche del 5 de enero se había venido antes de que en el reloj de la plaza hubiesen sonado las campanadas de las siete. La puerta de la calle estaba abierta, entraron y, en vez de golpear el aldabón, tocaron con los nudillos en la puerta de cristales del zaguán. Dos chiquillos, dos hermanillos de apenas siete u ocho años, con la cara y las manos más negras que la mercancía que traían, sorbiéndose los moquillos del frío y limpiándose la nariz con el dorso de la mano, aguardaban con una espuerta de cisco, cada uno cogido a un asa. La mujer de la casa les dijo que pasaran y la dejaran en la cocina. La mujer le dio unas monedas al mayorcillo y les preguntó qué les iban a echar los Reyes: «*Na*, porque dice mi madre que los Reyes no saben llegar a la choza...» Los chiquillos vivían con sus padres en una choza aislada, a las afueras, a orillas del camino que iba al río. Al día siguiente, 6 de enero, cuando por las calles gritaban los chiquillos con las manos llenas de pistolas, golpeando pelotas o tirando de camiones de madera, y las niñas mecían muñecas, saltaban a la comba o montaban una cocinita en algún poyete, los dos hermanillos pasaron con su padre camino de los pinares, subidos en un carro desvencijado del que tiraba una famélica burra que apenas podía con sus pasos. Iban tan negros como la noche anterior, y tiritaban, mientras miraban a los chiquillos abrigados y disfrutando de sus juguetes. Los Reyes Magos no sabían llegar a su choza, pero ellos habían tenido que aprender pronto el camino a los pinares, aunque fuera más difícil, si querían tener el regalo de la comida.

Ayer, tarde del 5 de enero, mientras miles y miles de niños veían pasar a los Reyes Magos con la seguridad de que dejarían regalos en su casa, en un descampado, cuando la tarde ya casi era noche, dos chiquillas de diez o doce años recogían cartones y los metían en la furgoneta donde su padre los iba apilando. Ayer la choza y hoy la chabola miserable donde vivirán estas niñas, en el 5 de enero siempre hay sitios a los que los Reyes Magos no saben llegar...

Rosario de la aurora

A Pepe y Juan Gómez Marcelo

Todo era entonces más lento, segundero de miel derramada en la esfera del día. Las campanadas del reloj no alarmaban, sonaban y se quedaban temblando un segundo en el aire, hasta que llegaba la siguiente, como copiándole la música a todo lo que sucedía. La gente sabía esperar el ritmo de la naturaleza, y nadie precipitaba nada que tenía su hora cumplida, ni más temprano, ni más tarde. Los chiquillos sabíamos que, si queríamos ensartar una vareta de olivo en una reja, no debería ser sino en Domingo de Ramos, cuando las palmeras rubias cabecearan en el aire y tuviera sentido evangélico el almanaque; y sabíamos que si queríamos hacer trenzas de eneas que olieran a romero, tendríamos que esperar a que se hubiese recogido —hasta ahí el respeto— la procesión del Corpus. Como sabíamos que, si queríamos jugar con naranjas verdes pinchadas en lacinias de palmera, tendríamos que esperar a que el porche de la iglesia se hiciera recreo de ropa nueva el día de Santiago.

Marcaba entonces el tiempo, el almanaque, el ritmo del pueblo: una camisa nueva para las Cruces, unos zapatos nuevos para el Corpus, una camisa para Santiago, una rebequita para la Encarnación, un abrigo para Padre Jesús, unos guantes para las Pascuas… Si una banda de música o de tambores y cornetas no se oía más que de fiesta en fiesta, un tambor rociero no se oía más que para las Cruces y el Rocío. Todo tenía su turno, su tiempo, su espera, sus vísperas más o menos largas. Granadas y naranjas pintonas, para Tosantos. Nadie amasaba el hojaldre más que cuando diciembre pedía bellotas asadas en la copa de cisco, o los moniatos, marcados con señales que identificaran a su dueña, salían de los hornos como pequeños lechones dulces. Torrijas en cuaresma y, sacados de debajo de la cama, los últimos melones tardíos cuando se acercaba la fiesta del Señor. Esto era, es, a finales de octubre. Una madrugada, cuando al día aún le quedaba mucho para subir a los cerros del alba, nos despertaba un hermoso y espaciado canto que iba haciéndose cercano. Venía por la calle el Rosario de la Aurora. Una guitarra, un triángulo, un cántaro, unos cantos… Y el rezo. Los campanilleros eran un sueño sobre el sueño, una paz cantada en la paz dormida. Hoy, nada se hace sin cohetes, sin ruidos groseros que han arrinconado los sonidos hermosos. Nos hemos precipitado sobre el calendario, sobre la paz, sobre el tiempo, sobre todo. Y somos una turba ruidosa y acelerada que abre los pétalos de la rosa como si pelara un palmito. Ay, aquellos Rosarios de la Aurora, en los que, en vez de tronar cohetes, parecía que Dios cantaba bajito…

Septiembre

Para Antonio Blaya García,
que no sabe vivir sin Aznalcázar

Se fue ayer la niña del verano que se adueñó del paseo. Los tocadiscos echaron hacia atrás sus brazos y las agujas dejaron de comer granos sonoros en los surcos de los discos de pizarra. En la memoria de aquello a lo que llamábamos amor quedaban unas canciones —*Black is black, Un sorbito de champán, Yesterday, Yo soy aquel*— y un olor a Tres Carabelas. Memoria de medio helado de corte, de unas pipas de girasol, de una película en blanco y negro, de los primeros pantalones de remache con *chirrín,* y de noche, por las bocacalles del paseo, cuando septiembre empezaba a abrir compuertas de fresco cuasi otoñal.

La mañana eran bandos de cuadrillas, unas, con escalera y un macaco al cuello, camino de los olivares; otras, con navaja y la taleguilla del costo, camino de las viñas. La vendimia había llamado a los postigos de los lagares y había que hacerle sitio a la visual lujuria de los racimos, que reposaban esperando turno de pisado como un montón de palomas recién abatidas. En los veladores de los casinos, los que podían permitirse el lujo del ocio. Carretera arriba y carretera abajo, mujeres con una cesta, camino de la plaza o de vuelta de la compra. En los zaguanes de los huertanos, efímeros bodegones: calabazas, tronchos, uvas, papas, moniatos... En la plaza, la tranquilidad uniformada de un guardia municipal que mostraba en público una autoridad rara vez usada más allá de cuatro palabras disuasorias. Por la calle, bestias que van al campo o vienen del campo. Pasa un pobre pidiendo. Por los casinos, un betunero que se ha hecho paisaje humano de tanto venir, sostiene una colilla entre los labios mientras limpia unos zapatos negros. Metidos a la altura de los tobillos, dos naipes, un siete de oros y un caballo de copas, que el cepillo no manche el pantalón. Y en la escuela —porque todavía no han construido los nuevos colegios—, el sonido impagable del aprendizaje cantado; a veces, los límites de España: «España limita al norte con el mar Cantábrico...»; a veces, la tabla del cinco: «Cinco por una, cinco; cinco por dos, diez...» Será sábado, porque a la salida de la escuela se ven niños que llevan en la mano un trozo de queso, láctea cuña para frenar la rueda del hambre. Huele a cuadernos nuevos, a libros recién forrados, a tinta, a niñez. Dentro de poco, en cuanto caiga el primer chaparrón, pasará por la calle el hombre del cisco, y las muchachas irán a misa de tarde con un repeluco bajo la rebeca. En la plaza, sobre la que se ha venido la noche como un pájaro, los niños juegan y comen azofaifas. En un corro, ya con cierta desgana, unas niñas cantan:

«Viva la media naranja,
viva la naranja entera...»

No debe de andar muy lejos tu tristeza...

Siesta de bar

A Ricardo Pérez León

A la siesta se le tenía un respeto de madrugada. El silencio de la tribu, en las horas de la siesta que iban de las dos y media a las cinco, era un silencio muy parecido al del Viernes Santo. No había ruidos, nadie por las calles, cerradas todas las puertas y todos los *tapaluces* de las ventanas. Por los trascorrales, el miedo pasaba imaginado en el Tío de la Sangre o en otros de los personajes que creaba el miedo. La siesta, sagrada.

A pesar de todo, en el pueblo, en el centro, había oasis inexplicables, porque nunca supiste bien qué ganancias podía obtener un bar que se mantuviera abierto durante la siesta y al que no entraba nadie. De pie, medio echado sobre el mostrador o sentado en una silla y sobre un velador como almohada, algún camarero dormitaba una siesta que a lo mejor sobresaltaba uno que entraba a beber del búcaro o al retrete, o un par de chavales que hubiesen conseguido una peseta, dispuestos a echarse dos futbolines o un billar, un *pierdepaga.* Al billar quizá lo dejarían jugar; al futbolín, en las horas de la siesta, era más difícil. No estaba bien visto que los chiquillos anduviesen por las calles de la siesta, y mucho menos las muchachas. Una muchacha que cruzara por las calles de la siesta, o venía de avisar de algo malo de la casa de algún pariente o iba a buscar un sombrero para echar la tarde en el campo. Y visto y no visto, rápido, como si cruzar la siesta fuera cruzar el territorio del pecado o del peligro. Las siestas en los bares eran otra cosa, pero no más concurridas que la calle. Había moscas como pájaros, olor a serrín salpicado de vino malo, alguien que a solas movía un café mientras trataba de cuadrar un solitario o algún solitario que esperara que fueran entrando poco a poco las gentes que empezaban a vertebrar la tarde. De todas formas, la siesta era dura en cualquier sitio. Milagro era encontrar un bar que tuviera un ventilador o un búcaro que refrescara el agua, aquellos búcaros que tenían en la panza la señal de las manos de media tribu. Cuando la televisión llegó, las siestas, con el mismo calor, empezaron a ser más concurridas en los bares. Había gente que veía los anuncios como si fueran películas y seguían las series como quien sigue diariamente el crecimiento de un sembrado. A pesar de todo, ni la televisión, ni los refrescos fríos, ni los ventiladores consiguieron hacer de las siestas de los bares un territorio apetecido. Infinitamente peor, más duro, era el campo, sí; pero el viciado ambiente de los bares en la siesta tenía un calor pegajoso y un recortado perfil de decadencia y vicio sobre el sucio y verde tapete de los naipes gastados.

Sin noticias

A la memoria de Manolo el del estanco

Era un diario que repetía su contenido, con ligerísimas variantes que podían ir de un parto a un entierro, de un nuevo noviazgo a una carta que llegaba desde Barcelona y de la que se enteraba toda la tribu: «El niño de Fulanita, que dicen que ha escrito y dice que ha encontrado una buena colocación...» Un diario vivo, meneado de cabras y vacas, mulos y cochinos que, bien guiados, salían del pueblo por la mañana para no volver hasta el mediodía o la sobretarde. Un diario hablado en la voz de la gente que iba al campo, de los hombres que andaban por los casinos y de las mujeres que andaban mirando puestos o tiendas para preparar la comida; un diario agitado en los niños que sonaban en el recreo, o en los vendedores callejeros que hacían cantar a las esquinas, cuando las bocacalles sonaban a aceitunas, a helados, a naranjas, a piñones tostados... Un diario precioso de imágenes cuando de los pinares volvían las carretas de la romería del esfuerzo y bajo las llantas de hierro parecía que iba a romperse la calle... Un diario vivo, nuevo cada día, pero idéntico en muchísimas cosas: un hombre que todas las noches, desde la taberna, vuelve a casa a la misma hora; una muchacha que a la misma hora va a la tienda por la vianda o a recoger la leche; dos amigas que en el mismo banco, a la misma hora, comen casi las mismas pipas que la noche anterior, compradas en el mismo quiosco; un bracero y un muchacho que coinciden en el mismo estanco para comprar el mismo tabaco, y la misma pareja de la Guardia Civil que pone espejos negros en la calle; y un cura —el mismo— que después de la misa se va al casino a que Dios se le aparezca cerca del seis doble.

Como una casa grande, el pueblo abría a la misma hora y cerraba todas las noches en la primera ronda de los serenos. Todo quedaba dentro, y lo que ocurriera que escandalizara, si acaso, sería un dolor que aporrea la casa del médico o la de la matrona, un panadero que cruzara la madrugada camino del horno o, procurando no ser vistos, unos pasos de amor o de deseo que saltan un bardo, una tapia o abren un postigo por donde entra y sale la sangre infiel o desesperada de tanta soledad... Muy de tarde en tarde, en el verano, un almiar que arde fortuitamente o porque alguien le arrima un cerillo, o un ahogado en el río, un muchacho forastero que no guardó la digestión... Si en invierno, una riada que se lleva la cosecha de la vega... Casi sin noticias. Hoy, el pueblo duerme siempre con algo suyo fuera. Ya es imposible una crónica de poyete o patio donde quepa, entera, la vida del lugar. Porque ya nada es enteramente local.

Sueño de pandero

A los Serrano Delgado

Dice el Cangui, con más razón que un santo, que la diferencia entre los niños de hoy y los de hace cuarenta años es que los de hoy juegan con lo que les compran y nosotros hacíamos el juguete y después jugábamos con él. Sostiene el Cangui que si un niño de hoy tuviera que hacer una pelota de trapo, se quedaba sin jugar. Esto me lo dice cuando en la tarde que ya refresca paseamos por los cerros de los Naharros, y al observar un remolino que se ha formado en la vega, ve cómo de la columna de pasto que se levanta, un trozo de papel ha ido ganando altura como si tuviera vida. Vuela alto el papel y en su vuelo parece recrearse en el paisaje que se le va empequeñeciendo tanto como él se empequeñece a la vista del paisaje. Y el Cangui, que masculla por lo bajo algo sobre sus conceptos de las capas de aire caliente y de aire frío, cuando se me acerca, me dice: «¿Te acuerdas cuando volábamos los panderos en las Tierras Altas?»

Panderos, sí, panderos, que quizá los niños de hoy no sólo no sabrían hacerlos, sino que no sabrían ni de qué estamos hablando, porque ellos los llaman cometas:

—Aquí siempre hemos dicho pandero, y en nuestra infancia, un niño sin pandero en el verano era un niño sin sueños, sin imaginación, sin alma de aventura…

Panderos al aire del verano, hechos con caña y papel de sacos de cemento, adornados con tiras de papel de colores a las que sacábamos flecos; panderos de largas colas de tiras de trapos anudados; panderos sujetos con guita a la que untábamos cerote que íbamos a pedirle a la zapatería al maestro Cabrera, para que el cáñamo se endureciera como puntada de bota de becerro; panderos que a veces cabeceaban como espermatozoides cansados, como aéreas cobras heridas; panderos a los que mandábamos cartas por el hilo, y unas veces llegaban pronto, como si el cosario las hubiera llevado en mano, y otras tardaban lo que tardaba el correo ordinario de entonces. Yo escribía en las cartas, Cangui, no sé qué recuerdos para las estrellas que estarían ensayando salir a la noche, estrellas como panderos —«mil panderos de cristal / herían la madrugada», dice Federico—, y también escribía diciéndole al pandero que me contara cómo se veía el pueblo desde allí, y qué tenía que hacer yo para subir a su altura… Los niños de ahora no saben hacer panderos, ni saben pronunciarlo. No tuvimos los lujos que tienen ellos, pero les ganamos en imaginación. ¿Te acuerdas, Cangui, del poemilla que te mandé hace diez o doce veranos, tras haber pasado cerca de las Tierras Altas?

«Tierras Altas, Tierras Altas,
nunca pude desde ti
alcanzar lo que soñaba.
Que mi sueño era volar,
a lomos de un viento amigo,
más alto que los panderos
que volaban los chiquillos…
Y procurar que ese sueño
no lo sujetara un hilo…»

¿Sabes una cosa, Cangui? Todavía no me he curado del sueño de volar…

Sueños

A tantas ilusiones idas

Me acuerdo de aquella canción que te escribí y que nunca cantó nadie, aunque a mí me hubiese encantado ver la cara que ponías al escucharla, quizá en una de las primeras ferias de la tribu, en boca de uno de aquellos conjuntos que empezaban a dejarse el pelo largo y la voz corta junto al micrófono que conectaba con los altavoces con amplificadores. Me acuerdo de alguna estrofa de aquella canción de adolescente que escribí mitad con despecho, mitad con intención de desnudarte las intenciones de niña inmadura: «Tú dirás lo que quieras, pero tienes / un sueño de princesa en la memoria, / que no te deja terminar tus sueños...» No sé si era exactamente así, pero todo fue porque un domingo al mediodía, cuando íbamos —en grupo, claro— a dar el semanal paseo por las revueltas de la carretera que va al puente del río, traías una revista de colores y señalaste un vestido que lucía una que iba de invitada a la boda de una princesa, otra princesa, de no sé qué país:

—Así, como este, quiero que me hagan el vestido para la boda de mi hermano...

Confiésalo, tienes dentro un sueño de princesa, un textil sueño de princesa, una monarquía recortable, como aquellos vestidos con los que vestías a tus muñecas también recortables, las *mariquetitas*, como las llamabais las niñas. Hay por ti una princesa que nunca lo fue, y, pendiente tras la esquina de cualquier revista de entonces, una boda que nunca se celebró, ni nunca se celebrará; un *sí, quiero* que no va a darte nadie, que a nadie vas a darle, porque tus sueños de tul y corona, tus delirios de guantes y brillantes, del brazo de no sé qué iluso príncipe de no sé qué color, se deshilacharon en las ramas del algodón o de los olivos, o, con olor a lejía, en los lebrillos del fregado, o, mal hilvanados, en la ropa de tu ajuar donde bordaste con falta de ortografía las iniciales de tu nombre. Para nada, porque no hubo miel que alcanzara a rebozar lunas que pedías para ti, y todo fue una soledad de silenciosos gritos sin respuestas. Por eso, yo sé que ayer, en la ceremonia de proclamación del nuevo rey, Felipe VI, aunque no fuera una boda, tú te vestiste —aunque ya no te quede bien— aquel vestido que nunca te pusiste en tu ilusa adolescencia. Me acordé de aquella canción y de aquel verso que sí publiqué, «Esperando un principado / de azules sueños rurales, / la hermosa de los corrales / forzó virgen su costado…» Ayer llorarías ante el televisor, como antes con las revistas, como si fuera la ceremonia del renovado voto de tu soledad. Porque si ya casi eres vieja, te sigue por ti, joven, «un sueño de princesa en la memoria…»

Telón

Para Antonio y Curro Salado Romero

Ibas por los finales de agosto, como ahora, una noche que volvías a tu casa tras el juego que se adentraba en la noche como una aventura. Serían las diez de la noche, y al pasar por delante de un bar, el tabernero bajaba la persiana metálica como una ruidosa guillotina que decapitara la luz que entraba de la farola de la calle. Quizá fue la primera persiana metálica que viste en tu vida, y te sonó grosera, pero significativa: venías de jugar con los amigos y aquella persiana le echaba un metálico telón a la larga función del verano. Aquel tabernero cerraba la jornada y la luz que ya empezaba a caer temprano se lo echaba al escenario donde habías jugado casi tres meses, sin reparar en lo que por la mañana sería el tempranero despertar que exigía el campo.

Aquella persiana metálica fue otro día una cortina de lona que se recogía antes de echar el cerrojo a la puerta, o unos *tapaluces* que cegaban cristales de ventanas, o un silencio en la oscuridad que caía, sin que nadie supiera cuándo ni por qué, y apagaba antes la noche. Sin que lo notaras, el verano se apagaba como la llama de una mariposa a la que le va faltando el aceite en la taza frailera. Una noche, de pronto, al salir del cine, ya no había nadie por la calle, ni siquiera el rescoldo glaciar del quiosco de los helados o el oasis esquinero de agua y altramuces, higos chumbos y cotufas, de la mujer que los pregonaba como nadie. Un telón. El paseo empezaba a acortar sus horas y cada noche había menos personas. Un repeluco, una rebeca, el fin de unas vacaciones, el verdeo, los preparativos de una vuelta, aquel ir a las eras a renovar las camisas de maíz que rellenaban los colchones, los preparativos para la vuelta al colegio... Un telón. Un telón que a veces tenía forma de circo que se asentaba durante tres o cuatro días a las afueras, de paso tras alguna feria lejana; un telón a veces de chaparrón —telón de flecos— que llegaba sin avisar; un telón de arrieros que arreaban burros cargados con serones llenos de racimos de uvas, camino del lagar; un telón de adioses en la parada del coche de viajeros —unas señas, una promesa de escribir, otra de contestar, y de volver, si fuera posible, por las Pascuas de la Navidad...—; un telón que aparecía nevado en los algodonales, oloroso en los membrillos; un telón que ya no extrañaba la manga larga; un telón de preciosas luces de atardecer; un telón que ya no apetecía el agua del río ni de las albercas... Un seguro y puntual telón. Como aquella persiana metálica. Como este que ahora cae, despacio, y te dice que hay que ir saliendo de la función del verano.

Tiempo

A Juan Cisneros

Yo iba por la carretera, en el coche; él estaba en su huerto, más cercado por el asfalto y el cemento que yo. Me vio y desde el vallado me levantó la mano y me hizo señas de que me acercara. Nunca pensé que íbamos a terminar en un duelo de tiempo.

Todas las mañanas y todas las tardes nos saludamos al paso, y nunca creí que sintiera por mí cierta lástima, más bien creía lo contrario. Yo cruzo en el coche y el allí, bajo su sombrero de palma, moreno de aires y de sol, monje de su huerto, abad de las hortalizas, prior de las higueras y los naranjos, hermano hospedero de la Orden de lo Verde. Entré y me recibió con su habitual afecto. Me tomó de la mano de la amistad y me fue enseñando todo su capital romántico, todo lo que su mano —es su mano— ha conseguido, despacio, poco a poco, aprovechando soles y lluvias escasas, defendiendo a su cosecha de la mano contraria de los días extraños ... Poco a poco ha conseguido todo esto: tomateras enormes que, de sanas, revientan los tomates; pimenteras adornadas de pimientos crujientes; matas de sandías y de melones que ocultan sus frutos enormes bajo las hojas como una gallina ampara a sus polluelos; tronchos, berenjenas, calabazas ... Todo con un mimo, con un amor paternal propio de quien es tan buen labrador como padre. Como parte de mi pasado y mi amor son campesinos, él me lo va enseñando todo con la certeza de que estoy encantado —que lo estoy—, pero en un momento me pilla un fallo: he mirado el reloj. No me dice nada, pero seis matas más allá de las sandías, me suelta:

—Ea, vamos a coger unos pimientos y te dejo, porque yo sé que tienes prisa.

Por más que lo niego, nada, no me cree.

—Si no tuvieras prisas, si estuvieras embebido en esto, no hubieras mirado el reloj. Estás creciendo demasiado acelerado, estás precipitando la cosecha. Tendrías que ser como estos frutos, que tienen el estiércol justo, el agua necesaria, el cuido de mi entrega y, sobre todo, su tiempo, niño, su tiempo; que nada crece bien si no tiene su tiempo.

Yo me fui, vida agraz con piel madura, mientras él seguía allí, abad del tiempo, ganándome a pulso la pelea...

Tolvaneras

A Rogelio Reyes Cano

Remolinos. El verano se llenaba de remolinos pajizos, de tolvaneras, que se movían por los rastrojos, por las veras de la era o por el camino, como súbitos fantasmas de polvo y pasto. Remolinos. Tolvaneras. Las térmicas. Encuentro del aire caliente con el aire frío y columnata estival que parecía empeñada en sostener el despejado cielo de julio. Las tolvaneras iban recogiendo, como un sinfín vertical, polvo, pasto, algunos papeles que hubiera, y, como mezclado todo por una túrmix, danzaban en el llano con una gracia ambulante, cada vez más grande su rollizo cuerpo. Algunos chiquillos, los más atrevidos, cuando veían un remolino, corrían hasta su vera con un manojo de pasto en la mano y lo echaban en el vórtice, para verlo subir, en un espiral correo urgente, hasta lo más alto, donde se perdía, como pájaro desplumado, cuando la tolvanera se apagaba como una columna de sueños débiles.

El verano era entonces la cercanía del hombre —y del niño— con todo lo que ocurría en la intemperie; por eso conocían tan bien todo cuanto ocurría, que si una carreta cargada de paja que volcaba en un camino; que si un nido que hallaban, con los pajarillos boqueando, hambrientos, con boqueras amarillas, a la espera del gusanillo o el grano que llegara en el pico de la madre; que si las polvaredas que levantaban las piaras de cabras o de vacas; o la estampa de las mujeres que iban a descamisar el maíz; o los chiquillos, inquietos, que habían pasado la mañana pidiéndole cerote a un zapatero y elaborando engrudo para pegar las esquinas del pandero que tan buena pinta tenía, andaban ahora tratando de volarlo, con ayuda de otro niño, en los altos donde los vientos les facilitarían sueños aeronáuticos y bellísimos, aquella imagen irrepetible del cielo de las tardes del verano lleno de panderos que se elevaban sobre su cola con un imprudente sueño de cohete espacial. Los vientos del verano. Aquella conjunción de lo caliente y lo frío para conseguir lo que nos parecían maravillas. Las tolvaneras de julio, aunque sigan danzando por rastrojos y por llanos terrosos, caminos y aun olivares, están más en la memoria, desordenado peristilo del campo, como uno de los alicientes de las tardes infinitas tocadas del calor de la luz y de la serenidad del río. Cuando en la memoria del verano coinciden los vientos fríos y calientes, una tolvanera surge de súbito y en su remolino va acopiando polvo y pastos de recuerdos que, girando en una urgente danza, se elevan, se elevan, mientras la tolvanera avanza, hasta que, al rato se paran los vientos y polvo y pasto caen al rastrojo de la memoria, ya sin forma, sin movimiento, sin alas…

Tomás

A su memoria

Hay ausencias que el tiempo borra, o que el tiempo mete en una niebla donde van perdiendo perfiles y nitidez hasta que desaparecen en la lejanía del olvido. Pero hay ausencias que el tiempo agiganta, o se agigantan en la memoria de alguien. Tengo por mis recuerdos, como cualquiera, nichos sin nombre, nichos de gentes que al irse de la vida fueron yéndose también de todo, como si no hubiesen tenido capacidad para perpetuarse en alguien; son esas personas que al hablar de ellas regalan una expresión general: «¡Fulano…! Es verdad, ahora que lo dices. Fíjate que yo no sabía ni si había muerto o no…» Otras ausencias lo son todos los días, en cualquier detalle, en cualquier necesidad, y no sólo de sus íntimos, de sus cercanos, de su familia… No, hay ausencias que se agigantan por lo grande que fueron en vida, y esa grandeza no tuvo por qué ser exclusiva de su sangre.

Hoy, como tantas veces, me acuerdo de él, lo echo de menos; lo necesito. Sí, porque es necesidad de él, de su amistad, de su cariño, de sus consejos, de sus advertencias, de sus encauzamientos, de aquella prudente paternidad cuando trataba, con todo el amor, de tutorar una vida, una carrera, una inquietud. No hay poema que haya escrito desde que se me fue, que no haya sometido a su criterio, mentalmente, y haya tratado de aplicarle sus criterios, su examen, su criba. Ni verso, ni prosa. Yo iba a su cuarto de eterna convalecencia, cuando ya la merma de salud le había prohibido dar paseos por el campo, cerca del río, por los caminos cercanos al pueblo. En aquellos ratos, en aquellos paseos hablábamos de poetas y de pensadores, y por más prudente, por más modesto, por más humilde que pretendía ser, me apabullaba con sus conocimientos, y cuando me sabía felizmente abrumado de información, me pedía perdón por lo que él llamaba vanidad y que no era sino cultura, generosa cultura que le regalaba como limosna a aquel muchacho desvalido en tantos conocimientos. Más tarde, cuando ya no salía, todo fue encuentro de clausura, interior serenidad de verso y prosa. Una frase, una imagen, una metáfora, y la tarde entera para tratarla; y a los dos o tres días, cuatro o cinco cuartillas explicándome lo que para mí no era sino un hallazgo menor en un endecasílabo. Cuando leí la «Entrevista en cuatro capítulos» que en el ABC le hizo Francisco Amores hace cuasi medio siglo, yo soñaba ya con ser amigo de aquel culto. Desde entonces fue mi amigo y mi guía. Y desde que te fuiste, todos los días te echo de menos, te necesito, cultísimo, entrañable paisano Tomás González Sánchez del Campo…

Tres gustos

A mis amigas de la adolescencia

Nata, fresa y chocolate. Dos galletas emparedándolo y un mordisco —o un lametón— al verano, como quien apura sus últimas glorias. Si mordisco, un sabor a comunión fría al catar la oblea; si lametón, un intento de espeleología lingual que excava en el dulce nevero del helado con cierta intención de ensayo de malicia. Alguien había dicho que había sentido demasiado fría el agua de la alberca, y no sé quién, que anoche tuvo que echarse la sábana por encima a la hora en que los panaderos tosían el primer cigarrillo antes de boxear sin guantes en las carnes imbatibles de la masa. Tres gustos, nata, fresa y chocolate. Y una tarde que tiene nombre de niña que o se fue hace unos días o se irá pasado mañana, y una canción escrita en el pecho de los primeros suspiros. Y un día de fiesta. Una banda de música, una Virgen que sale vestida con manto de terciopelo, cuando a las muchachas les sabe a lana la manga corta del piqué de estreno. Se te va el verano, aunque no te creas que alguna vez alguien o algo pueda apagar la fragua del mediodía en los resisteros de la tribu…

Tres gustos. Te sabe el verano a nones de forastera o a sí inesperado de paisana, en el paseo, en el baile en algún patio siempre de otro o en la alineada sombra del cine donde las nuevas parejas parecían sembradas en las últimas filas; y te sabe a película de la que no recuerdas más que el primer plano cuando ella te dijo algo al oído y por tus carnes corrió algo parecido a cuando metiste los dedos en el plomillo de la luz, y tú, para no ser menos, le devolviste el gesto, te abriste paso con las manos de la voz entre la cortina capilar de su oloroso pelo negro y, aunque no te lo dijo, ella pensó que, si aquella voz tuya se hubiese quedado veinte segundos más musitándole junto a su oreja, hubiese tenido que confesarle al cura que había tenido relaciones con un muchacho. Tres gustos. Los cohetes le ponen sonoros puntos suspensivos al folio alto y azul de la sobretarde de Santiago y los gorriones no saben ya dónde chillar ni hacia dónde volar. Hay muchachas que miran de reojo como si amaran de frente, y hay abanicos que hacen una labor de burladero de los ojos en los lances del paseo. Un hombre con chaqueta blanca pregona cangrejos y camarones por las veras del bar donde la gente muerde el guarismo de harina que pregona el niño de los roscos. Sin darte cuenta, has mirado atrás y se te ha perdido el verano, y se te ha perdido la tribu, y se han ido todas las niñas forasteras, y no está la banda de música, ni suenan cohetes. Ni hay helados. Y en el paladar de la memoria, tres gustos —o más—, y los tres, amargos.

Tres Manfredi

A José Rodríguez González y
Manuel Manfredi Hirsch

Si leemos la novela *La rastra*, de Domingo Manfredi Cano, y tomamos como realidad lo que pretende la ficción del escritor, y aun dejando en llano y en apodo lo que en la obra es esdrújulo y apellido, Fárfola, en la casta de los Manfredi, como en la de cualquiera, hay de todo. Pero si en la novela de mi querido y recordado paisano, entre «prostitutas, adúlteras, borrachos, pícaros, presidiarios...», sólo destacan en la casta la inteligencia no labrada de *abuelo Juan* y la eminencia del doctor don Daniel Fárfola, entre los Manfredi del diario hubo y hay otros de la casta que, libres de cuanto entrecomillo de las páginas de *La rastra*, destacan de entre todos los de la tribu, y para bien. Del propio escritor salieron hijos brillantes en sus distintas profesiones, y sobrinos carnales, y familiares lejanos que llevan el Manfredi en el apellido y de entre los que, de vez en cuando, sale uno y deja claro que esa casta tiene una luz en la sangre, y quien la hereda destaca, siempre por arriba. Siempre hubo un Manfredi en la tribu que llevó esa luz, aunque no siempre la distinguiéramos bien, o no quisiéramos. De entre todos los Manfredi, hoy escojo a tres, hermanos en esa luz. Uno de ellos ha salido, como Domingo, amante de la escritura, aunque desde niño también la mano se le fuera por el dibujo, y más tarde, por la escultura. José Fuentes Manfredi, un magnífico maestro albañil que maneja la pluma mejor que el palustre, hombre que tuvo que dejar los estudios para ayudar a su familia, cuando empezaba a asomarse a la filosofía, presentó ayer en la tribu su quinto libro, *Clamor de las altas tierras. Por el camino de los dioses entre Perú y Bolivia.* Desde que un viaje a Cuba le inspiró *El hermano del militar*, Fuentes Manfredi no ha parado de viajar, ni por el mundo ni por los folios, y es una alegría contar entre los paisanos a un —otro— Manfredi que va enriqueciendo bibliotecas.

Los otros dos, por fortuna, no tuvieron que dejar de estudiar. Manuel Manfredi Rodríguez y José Antonio Rodríguez Manfredi son dos talentos *fríos* de entre los Manfredi de luz. No es la luz del arte la que llevan en la frente, pero sí la de la inteligencia más exquisita. El primero es un colosal economista que trabaja en los Estados Unidos y es el alma de una multinacional de productos cosméticos, y el otro, un descomunal físico que trabaja para la NASA. Ahí es nada, querido Domingo. Si pudieras verlos, seguro que los metías de un cariñoso empujón en *La rastra*, para mostrarlos como flor y nata de la casta. Como hago yo aquí.

Tronos

A las muchachas que tanto soñaron

A lo mejor echaban el día en un almacén de aceitunas, o se dedicaban a las tareas del hogar en su propia casa, o estaban colocadas de muchacha de servicio en alguna casa de la capital, o echaban la tarde como costureras, o incluso eran niñas bien que no habían roto ni en buenas estudiantes ni en hacendosas, y andaban por la casa, siempre bien vestidas, sin faltar a un precepto semanal de misa y comunión, o esperando un novio que reforzara el patrimonio familiar, o cuidando el que tenían —si eran niñas de apellido y renta—, que no era plan de dejarle libre el terreno. Entre aquellas muchachas andaban las telenovelas y las revistas de peluquería, y muchas de aquellas chicas tenían sueños de gasas y de tul, de coronas como de reinas de altar y sí quiero, de alianza y novio guapo como un sol, y de una vida caminando por el *cuché* como por el país de todas las maravillas. Eran otros sueños de trono; eran otros tronos; eran otros sueños. Y eran otras muchachas.

Cuando los Juegos Florales colgaron el esmoquin y las pajaritas, los zapatos de charol y el bigotito del Régimen, llegaron los veranos de cien mil pregones con cien mil reinas y cien mil damas de honor. O sea, llegaron otros sueños. De los patios de mármol, fuente en medio y arcos renacentistas habían salido bodas del adulto perfil de primera comunión de las puestas de largo. Pero a esos sueños iban las chicas que tenían asegurada, por el tiempo que fuera, una vida rodeada de cofias y delantales, cubiertos de plata y buena finca en la provincia. Los pregones que trajeron reinas y damas se abrían también al pueblo, y había muchachas —reinas o damas— que agradecían aquel blancor que las transformaba en cenicientas locales, y aquellos guantes, manos de nieve, que escondían los callos del almacén, de la recolección o de la desgrana de mazorcas. Se levantaban tronos donde los ripios volaban llenos de nombres de Vírgenes, y en los espejos de tocador donde las muchachas elegidas reinas se probaban la corona, se asomó alguna vez el fantasma de la cofia que se había quedado en la capital, en la casa de la señora. Coronas de bisutería que trataban de ahormarse a las sienes de mentirosas reinas rurales. Había colas ante la puerta de los sueños, a la espera de alcanzar un trono que las nombrara reina. Y si esto ocurría, un dineral en fotografías que perpetuaran el hecho, aunque al día siguiente esperara una jornada infame en los melocotones o en la casa de servicio. Hoy, son otras muchachas, otros tronos y otros sueños. Pero ¡recuerda tanto aquellos tiempos la imagen de muchachas haciendo cola para el casting de alguna película, a ver si las escogen siquiera de extras…! Seguimos soñando tronos.

Último corte

A la memoria de Jesús Medina García

Los rollos eran cortes, para la jerga popular. Cuando Juan Zurita, el operador, recogía la saca del coche de viajeros, sólo le preguntabais dos cosas, el título y cuántos cortes tenía. Y Juan, tan amable siempre, decía el título, si era del Oeste, o un drama, o una de miedo, o una de romanos, y, si palpaba en la saca, podía decir que tendría tres o cuatro cortes. Por las calles, la voz de los chiquillos era un torpe tráiler tartajeado de imprecisiones, pero con una verdad y una probabilidad: «*Po* ha dicho Juan que es del Oeste y que tiene tres o cuatro cortes. Tiene que ser *güena...*»

Sí, sería buena, quizá, aunque en vez de tres o cuatro cortes tuviera dos o tres, pero tú sabías, más o menos, lo que quedaba de película, porque ajustabas la cuenta entre lo que llevabas visto y los cortes que iban. Estaba la película proyectándose en la pantalla y, de pronto, sin mediar ni peleas ni disparos, la pantalla se llenaba de una especie de chisporroteo de puntos de luz y el cine se iba a negro. Inmediatamente, alguien encendía un par de luces de ambiente y algunos espectadores aprovechaban para ir al urinario o para comprar pipas o beber agua —«A real la *jartá...*»— en el búcaro del puestecillo. Iban dos cortes y el muchacho todavía no había matado al malo, aunque el malo le había hecho perrerías al muchacho y aun hubiese medio abusado de su novia. En la cartuchera de la cabina quedaban balas, pero tú no sabías cuántas, ni nadie en el cine. Se apagaba la luz y otra vez las imágenes pintaban en vivo la historia que el fin de un rollo había cortado, como si hubiesen matado al caballo del muchacho. Y si era de miedo, el asesino de la noche, detrás de la pantalla, ya había enterrado a varios muertos y vagaba solo, cada vez más cerca de las manos de la Policía, limpiando cuchillos de sangre o escondiendo sogas o pañuelos de estrangulamientos. ¿Cuántos cortes van? Tres, quizá. Y el cuarto lleva ya un rato. Ya mismo van a coger al asesino, o van a matar al malo del Oeste, o van a pasar a espada al romano sanguinario… Entre el público hay quien está deseando tocar las palmas y celebrar la victoria del romano, de la policía o del sheriff; y hay alguna mujer que tiene asomado a los labios un grito espantoso que soltará cuando el asesino alce la mano con el cuchillo para matar a la última muchacha indefensa. ¿Cuánto le queda al último corte, antes de que en la pantalla aparezca el *The End*? Poco, como a la película del verano que tienes delante. A estas alturas de agosto, al largometraje estival le queda poca vida. Y lo sabes, y por eso no quieres preguntar si es el último corte.

Verano black

Para Antonia Gómez Barbeito

No sé si estarás tan delgada como entonces, ni si aún llevas gafas cabalgándote la nariz aguileña. Pero serás igual de delicada, con aquella voz fina y ligeramente nasal con que pronunciabas impecablemente las eses de los plurales, la erre final de los infinitivos, las eses intermedias y, sobre todo, la *d* última de casualidad, verdad, amistad... Aquella voz que era un cristal entre hierros cuando hablabas conmigo y te reías cuando me oías decir *bujero* por agujero, un *jace* por un haz, la *jeza* por la dehesa...

Entonces, María Victoria, tu Albacete estaba bastante más lejos de mi pueblo que ahora. Entonces, todo estaba muy lejos del pueblo, y, también, todo muy lejos de mí, incluso tú. Tu 4º de bachillerato y mis varetas de olivos eran, como nosotros, de distintas regiones. No sé si has llegado a tener una carrera, aunque sé que tienes marido y eres madre de varios hijos. Pusiste el corazón a plazo fijo. Yo sigo jugando en bolsa con él. Riesgos que te ahorras, aunque aún me duela la voz de tu tía: —«No te pasees con él, es un vago, un golfo».

Hoy, cuando te escribo, ha entrado el verano. Pero el recuerdo se me va a un día que el verano se iba, celeste, por un septiembre lejano del pueblo, cuando el vientecillo nocturno que completa las uvas te enfriaba los hombros en las bocacalles del paseo. En el recuerdo, te vas mañana. Esta noche, pues, es de despedida. Sentados en un banco de la plaza —tú comes pipas de girasol y yo fumo mis primeros Antillana—, lo que quiero decirte se disfraza de palabras absurdas. Hemos ido al cine de verano. En el corralón enladrillado, un viento entra como un gran pájaro y hemos sentido repelucos en la piel... y en el alma. Cuando nos despedíamos a la puerta del teleclub con verdades de menos y mentiras de más, te has movido al ritmo de una canción que suena dentro:

—Hummmm... ¡Me encanta esta canción! Se llama *Black is Black*. Es de Los Bravos—, has dicho.

—¿Y qué quiere decir *Black is black*?— te pregunto.

—¿*Black is black*? «Negro es negro», en inglés.

Esa noche, aunque aún viva en mí, seguramente estará enterrada en uno de tus primeros olvidos. Pero ponte un lazo negro en el recuerdo olvidado, María Victoria. Ha muerto Toni, el bajista de Los Bravos. Hoy, además de lejano y olvidado, es también *black* aquel verano celeste que nunca fue nuestro.

Verano corto

A Víctor Jiménez

Le han cortado las mangas al verano. O eso parece. Aquellos veranos que son tuyos en la propiedad de la memoria, aquellos veranos lentos como el flujo de la resina, eran largos, anchos, profundos, inmenso territorio del juego y del asombro que te esperaba en la espalda de las cosas; aquellos veranos de luz con los dobladillos sueltos, donde la noche vivía menos que el calor que se le derramaba al día; aquellos veranos en los que un polo de nieve duraba lo que duraba una adolescencia, y las sobretardes eran un largometraje de vencejos tejiendo el azul que más tarde las estrellas adornarían con estaño y hojalata; aquellos veranos en los que en una canción de corro cabían los sueños del primer amago de enamoramiento —«Dime, ¿en qué plaza, qué día, / con qué canción de qué corro / me enamoré de qué niña?»—, y en dos horas del reloj entraban holgadas cien estampas vivas que han ido perdiendo color en los álbumes del recuerdo. Aquellos veranos, ¿dónde están? Le han cortado las mangas al verano, al tiempo que tiene —tenía— dentro el verano. Ya lo dijiste, mirando aquel reloj desde una distancia de medio siglo: «Daba las horas y las repetía, / como doblando el tiempo, tu campana; / entonces, cuando andabas con desgana / y tres años entraban en un día...» Porque entonces no te dolían las campanadas del reloj, más que porque te señalaban el camino de la recogida del juego y de los sueños. Entonces, «...cuando el tiempo era mío en la temprana / edad, y cuando el alma fue ventana / del amor que ora entraba, ora salía...»

Le han cortado las mangas al verano. Hoy, te parece que dura el verano lo que tarda una navaja en rajar una sandía, y se te amontonan junio y julio en la mitad de una hoja del almanaque, como si los meses duraran menos de una semana. ¿Cómo es posible que pasen las semanas con presuroso paso de horas, si en una hora de aquellos veranos *ves* un paisaje que no cabría en dos estaciones de las de hoy? ¿Cómo es que tres meses ahora te saben a fin de semana, si en tres meses de entonces recogías tiempo para vivir varios años? Han debido de cortarle las mangas al verano. Y, además, te está chico, no te ajustan los botones del deseo en los ojales de la edad. Y lo miras, colgado en el ropero del tiempo, como mirarías, si lo conservaras, tu traje de primera comunión. Te engañan los olores —ciruelas, brevas, rastrojos, aire caliente, uvas que se llenan de azúcar de sol...—, que siguen siendo los mismos, porque esos olores no te traen el tiempo que los envolvía entonces. Le han cortado las mangas al verano. Y no sabes cómo zurcírselas.

Verano

A aquellos cabreros, vaqueros,
porqueros y pastores de la tribu

El verano lo escribían, con polvorientas versales, las primeras tolvaneras que recorrían el rastrojal en una caprichosa danza de bailarinas descalzas. Lo escribía, en el río, escritura marginal, la asustada polluela que aleteaba por la orilla en busca de un refugio. Lo escribían clepsidras lácteas junto a los bien cerrados tinteros de las brevas. Lo pintaba, por el camino, el cabrero con su piara de cabras que provocaban al paso un andante *sfumato* de polvo albarizo. El verano.

Las tierras paniegas, donde la luz tempranera se hería en las cañas segadas a corte de gaita, ponían un descanso de oro venido a menos. No lejos de estas tierras, el verdor insolente de los matos ofrecía sandías ya gordas, multiplicado reposo planetario. El tomate sorprendía con su primer rubor entre las hojas de la tomatera. Y las primeras mazorcas mostraban su bien alineada dentadura, antes de que los pinchos les quitaran sus camisas. Al mediodía, en el sombrajo, aquel palacio abierto, el gazpacho era un cerrado mar rosado al que la necesidad obligaba a desembocadura en la sed jornalera. El verano era Dios soplando en la marea, para que las abiertas manos de madera de los bielgos levantaran la parva. El verano era un perfil de pegujalero, en burra, por el camino alto. Y el verano era, el verano se hacía, cuando en lo más alto de las Tierras Altas iban los chiquillos a volar panderos. Tú querías estar allá arriba —«Que tu sueño era volar, / a lomos de un viento amigo, / más alto que los panderos / que volaban los chiquillos...»—, y ver lo que *veía* tu pandero, aquella cobra aérea de cabeza hexagonal sujeta por un hilo de cáñamo untado de cerote. Lo piensas hoy, cuando ves los drones y es posible *ver* con sus *ojos*. Los panderos te hacían el verano, mientras los mirabas allá arriba y te preguntabas qué se vería desde allí, si la torre del pueblo, si el puente del tren, si los pinares... Volar más alto que los panderos. «Y procurar que ese sueño / no lo sujetara un hilo...»

Versos de madera

A Pepe, María y Manolo, sus hijos

Nadie nunca me dijo nada de su talento artista, y mi trato con él jamás me hizo pensar que estaba ante un hombre que guardaba en sus manos la llave maestra de las formas. Supe que andaba con la madera, pero como maestro aserrador, allí donde la sierra es una urgente dentadura vertical que escupe aserrín y listones. Fue en su madurez cuando vi por primera vez una obra suya, la talla de un paso, y mi asombro fue tan grande que, amén de poner en duda que aquella maravilla hubiera salido de sus manos, lamenté no haber intuido nunca que aquel hombre guardaba en su prudencia un talento de clausura al que sólo habían accedido sus íntimos y cercanos.

Hace poco me dijo que había pasado por la puerta del ayuntamiento de Sevilla que da a la plaza de San Francisco, y que le dio tanta pena ver en aquella fachada la pobreza de la puerta que habían colocado, que se ofrecía gratis, con la sola ayuda de un par de operarios, a fabricar una puerta digna de tan hermoso edificio. «Dile al alcalde que me ofrezco gratis, que como sevillano de provincia tengo mucho gusto en hacerle ese regalo a Sevilla». Curso en este artículo el ofrecimiento de Manuel Moreno, ese Guzmán

Bejarano del Aljarafe que tiene una hermosa obra escrita en versos de madera. Son versos, no trazos. Mueve formones, gubias y buriles como quien mueve con gran destreza una pluma de poeta. Me invitó a ver parte de su obra, la que tiene en su casa, la que anda por allí, empezada, acabada o acabándose, y esté en el momento que esté su obra, asombra, que si los acabados son perfectos, más me emociona ver la madera desnuda, entregada a sus manos, esas manos donde el cedro pasa de ser árbol a ser jardín de formas, poema barroco que canta su música de exacto metro en la carne sin herida de la herida madera. Pienso ahora cuántas formas artísticas imaginaría este hombre en la madera que ayer fue pan necesario para la familia, sabiendo que dentro le cantaba, le gritaba, un artista que tenía que entregar el árbol a la sierra, cuando en sus ojos bailaban gubias y trazos milagrosos.

Bendita madurez la suya, monje de prudencia en el cenobio de su taller, maestro de los secretos para convertir en arte un madero. Con ojos de niño ilusionado mira cuanto ha hecho, con manos de niño ilusionado pasa la mano por las formas asombrosas, como quien la pasa por el rostro de la perfección. Bendita madurez la suya, que mientras hay quien envejece en un silencio aburrido y ciego, este hombre ha encontrado en la madera que ayer fue su pan la razón para dejar una obra de versos escritos en el idioma de las formas, ese esperanto. Si Sevilla no le acepta el ofrecimiento, eso se pierde. Si el alcalde viera una de sus arcas, pagaría lo que fuera por lucir una puerta así. Mientras, el hombre aguarda escribiendo sus versos de madera —arte mayor— en su talento de clausura.

Este libro se terminó de imprimir, en su primera edición, por encargo de la editorial Almuzara, el 7 de noviembre de 2024. Tal día del 1822, en Madrid (España), el poeta Manuel José Quintana inaugura la Universidad de Madrid, denominada desde 1850 Universidad Central y después Universidad Complutense de Madrid.